NOTICE HISTORIQUE

SUR

NOTRE-DAME D'AVÉNIÈRES

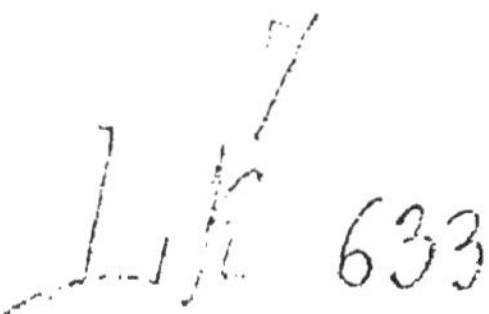

NOTICE HISTORIQUE

SUR

NOTRE-DÂME D'AVÉNIÈRES

ET RELATION

DE LA CÉRÉMONIE DU COURONNEMENT DE LA VIERGE

Le 9 Mai 1860

Par Charles-Marie MAIGNAN.

LAVAL

IMPRIMERIE DE L. MOREAU, RUE DU LIEUTENANT.

1860.

À

NOTRE-DAME D'AVÉNIÈRES

VIERGE IMMACULÉE

ET

DIVINE MÈRE DU SAUVEUR

PROTECTRICE

DE

MES COMPATRIOTES.

INTRODUCTION.

Chaque peuple, chaque pays a ses traditions anciennes, ses pieuses et saintes légendes que, d'âge en âge, les générations se redisent et qu'on n'oublie jamais, parce que, petit enfant, on les a entendu raconter par la bouche la plus tendre et la plus persuasive, l'être le plus aimé et le plus aimable, par sa mère, et que tout ce qui se rattache, de près ou de loin, à la mémoire de celle qui fut tout amour et bonté pour nous demeure en notre âme comme le plus pur parfum au fond du calice des fleurs. Que les empires s'écroulent, que les trônes changent de maîtres, que les monuments qui rappellent la gloire d'un peuple disparaissent et couvrent les chemins de la poussière de leurs débris, une simple légende, redite au sein de la famille, sur le bord d'un berceau, traversera les siècles, toujours vivante et mystérieuse, dans le buisson d'épines, le tronc du chêne, le creux du rocher où elle prit naissance et d'où tomba un jour l'eau salutaire qui guérit les lépreux, les malades et les infirmes. Devant la statuette qu'une main inconnue y suspendit dans le secret des ténèbres, le pélerin s'agenouille en passant et dépose sur la pierre brute qui sert d'autel sa modeste offrande. Le concours des fidèles augmentant, une chapelle s'y élève bientôt. Les pauvres, les premiers, l'entourent de leurs demeures; une bourgade se forme, et bientôt tout un peuple vit heureux et se réjouit là où naguères encore régnait la solitude et le silence du désert.

Quoiqu'on dise, l'esprit et le cœur de l'homme ont besoin de s'ouvrir aux croyances; elles sont nécessaires à notre humaine nature comme la rosée aux prairies, comme le soleil après la nuit sombre. Sans elles nulle poésie, nulle jouissance intellectuelle, point d'arts possibles, point d'élan vers la vertu, point d'énergie pour surmonter les vicissitudes et les douleurs, point de dévouement et point de consolations. La vie n'est plus qu'un calcul pesant et affreux qui se traduit en cris de douleur et se résout en un funèbre et dernier chiffre... néant.

Nos pères, avec leurs naïves et touchantes croyances, leur foi simple et candide, dont nous porte à rire notre prétention d'être des hommes forts et peu crédules, avaient une existence plus heureuse, plus réelle et plus vraie que la nôtre. Ils vivaient vieux, et ne se consumaient point comme tant d'hommes le font aujourd'hui, pour devenir riches, à des luttes acharnées contre la fortune, luttes qui abrégent la vie, sans autre compensation bien souvent que de laisser tant de richesses si péniblement acquises à des héritiers qui les dissipent en folles dépenses.

L'histoire le proclame assez haut, là où le peuple croit encore, ayant foi en la sollicitude et en la justice de Dieu, foi en l'enseignement des siècles et les traditions antiques, foi en lui-même et en sa destinée future, il est moins sombre, moins troublé, moins avide de perturbations sociales; il aime d'amour le pays qui l'a vu naître et verse des larmes lorsqu'il s'éloigne de la terre où reposent les ossements de ses aïeux. C'est aussi que les croyances sont les liens les plus solides et les plus doux de la famille et de la société. Si, comme l'a dit M. de Châteaubriant, l'exilé regrette sa patrie jusque dans l'aboiement accoutumé d'un chien pendant la nuit, la vue de son clocher entre les arbres, à plus forte raison l'image du sol natal se montrant à nous sous les traits de la religion, avec la mémoire des douces mœurs de nos compatriotes, sous l'aspect des joies et des souffrances de la famille, avec le souvenir d'une tombe au cimetière, d'une mère à genoux au pied d'un autel, est-elle plus capable d'émouvoir, d'attendrir, de faire aimer et regretter la patrie, cette terre unique où notre enfance goûta toutes ses joies, et qui renferme les objets de nos plus chères affections. Non, quelque part que le sort le transporte, le Mayennais n'oubliera point son pays; il regrettera toujours, toujours ses doux ombrages et son ciel bien-aimé, tantôt pur, tantôt orageux, ses belles et vertes campagnes, ses sites agrestes et l'hospitalière demeure de nos laboureurs sur le penchant d'un coteau ou dans la prairie, au milieu des bouquets de châtaigniers ou d'ormeaux. Sa pensée le reportera vers la cité, le village, le hameau, la chaumière qui lui donna naissance et dont il est fier d'être l'enfant; vers l'asile saint et vénéré où, depuis tant de siècles, vont s'agenouiller toutes les douleurs, toutes les infirmités; vers NOTRE-DAME D'AVÉNIÈRES où, tout petit enfant, il est venu apporter un cierge à la bonne Vierge pour obtenir, par sa protection, la guérison d'un père dont la maladie résistait à tous les remèdes de l'art; vers Notre-Dame d'Avénières où tant de nos bonnes et compatissantes compatriotes sont allées, par groupes de neuf, exhaler leurs soupirs et leurs larmes pour un frère, une sœur, une amie en danger de mort;

vers Notre-Dame d'Avénières où, à la menace d'une calamité publique, il a vu le peuple se porter en foule, implorant pour notre pays la miséricorde et la clémence du ciel.

Ah! cette sainte église sera toujours chère aux âmes religieuses, tant à cause de son origine que par rapport à la vénération et à l'amour que nos aïeux lui ont toujours voués, en reconnaissance des bienfaits reçus par la protection de la Vierge immaculée.

ORIGINE ET FONDATION

DE

L'ÉGLISE ET DU PRIEURÉ

DE

NOTRE-DAME D'AVÉNIÈRES.

I.

L'origine et la fondation de l'église et du prieuré de Notre-Dame d'Avénières remontent au onzième siècle. Les documents qui nous en fournissent la preuve sont rapportés avec soin dans l'histoire manuscrite des *Seigneurs de Laval*, par Charles Maucourt sieur de Bourjolly. Cet écrivain, ami de son pays et qui a été témoin de la gloire et des malheurs du règne de Louis XIV, n'a pas manqué, dans le but de faire accepter son travail par ses contemporains, et aussi d'avoir le droit d'en faire hommage à *Très-haute et très-puissante dame Madame Marie-Louise de Laval-Montmorency, duchesse de Roquelaure et du Lude*, n'a pas manqué, disons-nous, de consulter et d'étudier les vieux parchemins du chartrier des seigneurs de Laval, ainsi que les œuvres manuscrites ou imprimées des écrivains Lavalois qu'il cite, tels que Leblanc, Charles Marest, Lemoyne de Juigny, le père de Cuilly, religieux dominicain de Laval, etc., etc., qui tous, de leur côté, avaient attentivement compulsé les archives du château de notre ville et des châteaux et abbayes de notre pays et des contrées voisines.

Ainsi, tout ce que nous allons rapporter, d'après Bourjolly, touchant l'origine et la fondation de l'église et du prieuré de Notre-Dame d'Avénières, peut être considéré comme le résumé de tout ce qui a été écrit avant lui par les anciens écrivains Lavalois. Il débute avec la simplicite d'un homme qui ne redoute en aucune façon la censure et la contradiction. C'est en quelque sorte un acte de foi qu'il fait et en même temps un pieux témoignage qu'il rend, au nom des générations passées et des générations présentes, à la gloire du sanctuaire béni de Notre-Dame d'Avénières.

Charles Maucourt de Bourjolly commence ainsi son récit :

« LE PRIEURÉ D'AVÉNIÈRES FONDÉ EN L'AN 1010.

« Guy II fonda ce prieuré à l'occasion d'un fait célèbre parmi les Lavalois.

« Charles Marest rapporte que ce seigneur passant un jour sur un cheval pardessus le Pont-de-Mayenne, tomba avec sa monture dans la rivière, et que, le fil de l'eau l'emportant, il réclama humblement l'aide de Notre-Dame, et que, sans ressentir aucun mal de l'impétuosité de l'eau, il aborda devant un grand champ plein d'avoine, par lequel il se retira et où il aperçut une image de la Sainte-Vierge Marie avec des lampes allumées; ainsi que nouvellement la comtesse d'Anjou avait fait une même découverte au Ronceray d'Angers.

« Guy, ému de cette merveilleuse navigation qu'il avait faite dans un lit de rivière profond et rapide, qui a, ce me semble, mille pas en longueur, se prosterna devant cette image (qu'on croit qui existe encore aujourd'hui) pour lui rendre ses grâces; et, en reconnaissance du bienfait reçu, il fit incontinent bâtir une église à la ressemblance et sur le modèle de celle de Notre-Dame du Ronceray d'Angers. Il retira des mains de Oranie, sa sœur, mariée à Guérin de Saint-Berthevin, ce même champ qu'il lui avait baillé en partage.

« Guy II, ayant joint des domaines à cette nouvelle église pour la célébration et l'entretien du service divin, donna le tout à l'abbaye du Ronceray d'Angers.

« Richilde, première abbesse, accepta ce don au profit de ses sœurs et de son abbaye, l'an 1040 (*Cartulaire du Ronceray* 1040).

« Richilde envoya une petite compagnie de religieuses pour occuper cette maison d'Avénières, sur lesquelles elle établit Agnès de Laval, fille du fondateur, première prieure. »

Le fragment du cartulaire du Ronceray, traduit par Charles Marest, ne mentionne aucunement sur quoi était posée la statuette de la Sainte-Vierge, aperçue par Guy II au moment où il se retirait sain et sauf de la Mayenne. Etait-ce dans une chapelle champêtre, sur une pierre élevée, dernier débris d'un autel druidique, dans une grotte mousseuse, façonnée au bord d'une source par des pasteurs, ou dans une niche clouée à un chêne?

La tradition écrite se tait à cet égard, mais la tradition orale en a perpétué le souvenir jusqu'à nous : c'est un chêne qui servait d'autel et de temple à la statuette miraculeuse de Notre-Dame d'Avénières. Le peuple, ainsi que le R. P. Lacordaire en a fait la remarque dans la vie de saint Dominique, est *l'organe de la tradition*. Or, dans nos contrées, s'il est un souvenir national qui, traversant toutes les révolutions, se soit conservé pur et impérissable dans le cœur de toutes les familles et fasse en quelque sorte partie de la vie du peuple, c'es évidemment celui qui a trait à l'origine et à la fondation de l'église de Notre-Dame d'Avénières. Aussi, en ce qui regarde ce lointain souvenir, nos populations n'ont point, dans leur mémoire, séparé *le chêne du champ d'avoine*, et la raison en est fort simple. Les pieux fidèles qui ont vu la statuette miraculeuse à l'endroit où le seigneur de Laval l'avait aperçue lui-même et où elle dût rester pendant qu'on lui élevait un sanctuaire d'honneur, ont raconté à leur descendance ce dont ils avaient été les témoins. De là cette tradition orale concernant le chêne, tradition constante, universelle, impérieuse même, à ce point que tout dernièrement la population de notre ville se figurant que le tronc du chêne en question servait encore de piédestal à la statue miraculeuse, s'est empressée, quand on a détruit le rétable, d'accourir en foule pour s'enquérir avec inquiétude, *si le chêne serait conservé.*

Cette tradition a encore pour témoignage le soin que prennent les gens de la campagne de placer, dans des niches suspendues à des chênes, l'image de Marie, devant laquelle, de nos jours comme dans les siècles passés, les hommes de peine et de misère font brûler des lampes ou des cierges dans le but d'implorer son secours pour leur soulagement ou la guérison de leurs proches.

Reprenons le récit de Charles Maucourt de Bourjolly :

Agnès de Laval, fille du fondateur, avait donc été établie première prieure d'Avénières. « Sous son autorité, le nombre des religieuses s'étant considérablement accru, Gui II, pour leur subsistance, leur donna d'abondant ses dîmes de Bonchamps et de Saint-Pierre-la-Poterie, l'église de ce village ayant été ci-devant un temple d'infidèles.

« Le cartulaire de ce don contient : *cum bonis et consuetudinibus ex propriis hominibus Agneti filiæ tradidit. Anno Domini* 1047. *Cujus rei testes Vivianus Infans, Adelardus de Vegiâ, Guarinus de santo Bertevino, etc.*

« Gui II leur ajouta ensuite un droit dans ses forêts de Concise, afin que les religieuses et leurs sujets puissent bâtir un bourg auprès de la nouvelle église.

« Mais, continue Bourjolly, l'établissement de Notre-Dame d'Avénières ne pouvant contenir toutes les saintes filles qui venaient s'y réfugier, la prieure dut se résigner à former deux colonies qui furent dirigées l'une sur Bonchamps, l'autre sur Saint-Pierre-de-la-Poterie. Chacune de ses trois maisons eut son directeur ou chapelain, sans compter celui qui devait célébrer le saint sacrifice de la messe devant la prieure, à sa commodité. »

Ce récit de l'origine et de la fondation de l'église, du prieuré et du bourg d'Avénières est d'une simplicité admirable qui fait naître la croyance en établissant la certitude historique du fait rapporté.

Cependant, le fondateur de l'église de Notre-Dame d'Avénières, Guy II, ce bon seigneur de Laval, aimé du ciel, étant venu à décéder (1048), Hamon, son fils, qui était issu de son premier mariage avec Berthe de Blois, hérita en même temps que de la seigneurie de Laval, des qualités de son vertueux père. Il avait, dit la chronique, son père encore vivant, épousé Hersende, dame du

Gué-d'Orger et d'Avénières, laquelle avait une maison de plaisance au bourg Hersent.

L'union de ces deux époux fut réellement le résultat d'une bénédiction céleste. L'un et l'autre n'eurent qu'un cœur et qu'une âme pour contribuer à la gloire du culte que l'église rend à la divine Mère du Sauveur des hommes. De leurs mains généreuses s'échappèrent quantités de dons au profit de l'église et des servantes de Notre-Dame d'Avénières. Aussi la Reine des chrétiens prit-elle soin de leur postérité.

En effet, le château de Laval récéla un jour deux précieux berceaux qui reçurent l'un Guy III, l'autre Hugues de Laval, lequel épousa Agnès, fille de Gaultier, seigneur de Mayenne. Hugues, après le décès de son épouse, embrassa l'état ecclésiastique et devint, sous l'évêque Hoël, chanoine de l'église du Mans (1); il figure, en cette qualité, dans les cartulaires des donations faites par Guy, son frère, à l'abbaye du Ronceray et au prieuré de Sainte-Croix de Vitré.

L'historien des seigneurs de Laval, poursuivant son récit, rapporte que « Arnaud, évêque du Mans, vint visiter le prieuré d'Avénières, où il fut reçu

(1) Mgr Hoël, breton d'origine, fut le successeur de Mgr Arnaud. C'est sous son épiscopat, en 1095, que le pape Urbain II vint prêcher la Croisade au Mans.

par Guérin, seigneur de Saint-Berthevin, Oranie, sa femme, (sœur de Guy II) et le seigneur d'Anthenaise (l'époux de Hildelingue, fille du même Guy II).

Le voyage de Mgr Arnaud à Notre-Dame d'Avénières a dû nécessairement avoir lieu au temps où Hamon était seigneur de Laval, car ce prélat a occupé le siége de saint Julien de 1066 à 1081. Ce voyage peut être considéré comme la *première visite pastorale* qui ait été faite en ce lieu, visite qui démontre assez clairement que la fondation de l'église et du prieuré d'Avénières était un fait nouvellement accompli, puisque les membres de la famille de Guy II se montrent empressés à venir présenter leurs hommages à l'évêque et à assister à la bénédiction d'un établissement dont nos chroniques ne font pas mention jusqu'alors.

Hamon étant décédé vers l'an 1080, Guy III son fils lui succéda. Il avait épousé précédemment Denise de Mortain, fille de Robert de Normandie et nièce de Guillaume-le-Conquérant. C'est en récompense de ses haut faits que la main de cette jeune fille lui avait été offerte et qu'il reçut le tiers des armes de l'Angleterre —un léopard— pour orner son blason. Mais le jeune seigneur de Laval, au milieu des coups de hache de la bataille d'Hasting, avait pris les allures d'un militaire peu scrupuleux. Il songea à reprendre les domaines que son noble père avait donnés à l'abbaye du Ronceray et aux prieurés de Sainte-Croix de Vitré et de Notre-Dame d'Avénières.

L'épouse de Guy III connaissait le cœur de son mari et ses sentiments religieux. A ses yeux, il ne pouvait mentir ni à son sang ni à son éducation de famille ; elle soupçonna une gêne non avouée, et le porta à recevoir de l'argent des religieuses pour la confirmation de ces dons. *Sed postea sicut pater ejus donaverat propter septuaginta solidos, quos illi sanctimoniales dederunt, concessit : uxor autem Dyonisia habuit viginti solidos, Hugo, vicarius eorum quinque, Boscarius dapifer quinque, etc.... Testibus Hugone fratre prædicti Guidonis, Amano Domini Guidonis capellano, Joanne de Meral, Galdino de Volua, Monnano de Montiniaco, et Theobalde de Anveneriis.* »

Guy III fit bien voir par la suite que son épouse ne s'était point méprise sur les sentiments du petit fils de Guy II ; car, ainsi que le rapporte Bourjolly, d'après Le Censier, « ce fut ce Seigneur qui fit parachever l'église de Notre-Dame d'Avénières en la forme de celle du Ronceray d'Angers, en l'élevant au rang des plus belles églises champêtres que l'on puisse voir. »

« Ce seigneur donna et annexa au prieuré le patronage de la cure d'Avénières. Il fit ce don *suprà sanctum altare prædictæ ecclesiæ in festivitate*

Assumptionis sanctæ Mariæ, præsente Anna sanctimoniali. Anno 1090.

« Mais les choses humaines étant perpétuellement sujettes au changement, les religieuses, établies à Bonchamp et à Saint-Pierre, éprouvèrent le besoin de revenir prier dans le sanctuaire de Notre-Dame d'Avénières. On écouta leur vœu, et leur asile fut augmenté d'un nouveau corps de bâtiment par les soins et les libéralités d'un seigneur de Saint-Berthevin et du baron de Laval. Par suite du retour des religieuses, leurs quatre chapelains furent réduits à deux. Puis ayant fait division de leurs droits et de leurs dîmes, elles consentirent à recevoir, pour directeurs, deux chapelains de la maison du seigneur, dont l'un serait curé d'Avénières, et en faveur duquel Guy III fit don de la maison presbytérale en l'an 1091. (Cartulaire du Ronceray rapporté par Charles Marest).

II.

Béni par sa puissante protectrice, Avénières prospérait à l'ombre de son sanctuaire vénéré, rempart miraculeux que la Mère de Dieu avait réservé aux fidèles de nos contrées pour les préserver du malheur de se laisser entraîner dans l'hérésie de Béranger, archidiacre d'Angers, modérateur de l'école de Tours (1048). La petite colonie de religieuses y vivait en paix, et les populations des villes et des campagnes accouraient sans cesse pour puiser à la source de toutes les grâces et de toutes les consolations. On ne saurait aujourd'hui considérer sans émotion le nombre des sentiers qu'ont tracé nos aïeux pour aller épancher leurs joies ou leurs douleurs aux pieds de l'autel de Notre Dame d'Avénières. Tous ces sentiers, creusés profondément dans le sol par le passage, pendant huit siècles, de la foule des pélerins, témoignent hautement de leur piété et de leur confiance en celle qui avait entendu la prière de Guy II, et à la bonté de laquelle ce seigneur se reconnaissait redevable de son salut.

A cette époque néanmoins, les habitants de Laval affectionnaient d'une manière particulière un autre sanctuaire, dédié à la Vierge immaculée, sous le nom de Notre-Dame de Priz ou des Périlz. C'était là, à leur entrée dans la vie, qu'ils étaient apportés pour être purifiés de la tache originelle, et, à leur sortie de ce monde, pour y recevoir la suprême bénédiction de l'église.

Sans abandonner le sanctuaire toujours aimé de Notre-Dame de Priz, les fidèles de la pieuse cité des Guy firent bientôt rayonner vers celui de Notre-Dame d'Avénières deux larges voies, l'une du côté de la rivière, l'autre à travers les vignes de Montmartin (actuellement la place de Hercé). Ce dernier se dirigeait de la porte des Eperons, le long du talus de la haie qui clôt les jardins des maisons édifiées sur le bord du chemin actuel et passait au pied de la petite chapelle de Hydouse, devant la fontaine creusée dans un roc, à l'entrée de la rue de l'ancien presbytère, dernier vestige de la voie primitive. Les coteaux et les vallées furent également sillonnés de sentiers, tendant tous au même point central. Les uns suivirent le cours des ruisseaux du Gué-d'Orger et du Bourg-Hersent, les autres partirent du seuil des cabanes de houx et de fougères des bûcherons de la fôret de Concise, des hameaux perdus derrière les grandes ombres des bois et sur le bord desquels, aujourd'hui, se dressent les toits des fermes de la Cailleboudière, de la Monnerie, de l'Epine, le monastère des religieuses Trappistines, l'école des sœurs de la Providence, la maison de la Chouannière, la ferme du Gravier, etc., etc. De même, de l'autre côté de la Mayenne, une infinité de sentiers convergeaient vers un seul point de la rive, celui qui fait face à l'ancien édifice du prieuré de Notre-Dame d'Avénières.

Telle fut l'origine de tous ces chemins, qui rendent un éclatant témoignage en faveur de la gloire de Notre-Dame d'Avénières, gloire qui éblouit jusqu'aux aveugles de notre siècle.

Mais, hélas! des jours de cruelles épreuves vinrent attrister les populations de nos contrées. Un fléau plus horrible que la peste fondit sur le sanctuaire de Notre-Dame d'Avénières. La guerre entre le roi Jean d'Angleterre et Philippe Auguste, roi de France, inonda notre pays de mercenaires armés. Le furieux Jean, en 1206, avait pris Angers et démantelé la ville. Ses bandes de soudards, s'inspirant de la cruauté de leur maître, se livrèrent à toutes sortes d'exactions contre les religieux et les ecclésiastiques, et Avénières fut pour elles un but de pillages et d'abominations.

Le spectacle qu'offrit la dévastation de l'église et du prieuré de Notre-Dame d'Avénières émut le cœur des fidèles. En ce temps, Laval avait pour seigneur Guy VI qui s'était croisé avec Richard Cœur-de-Lion. Ce seigneur joignait une insigne piété à une grande bravoure, et il en donna des preuves aux siéges de Chypre et de Saint-Jean-d'Acre, en abolissant le *droit de main-morte*, qu'il qualifiait de déshonorante coutume, *pravam consuetudinem*. De concert avec leur seigneur, renommé auprès du Saint-Siége, les habitants de Laval adressèrent une requête au pieux et illustre souverain pontife Innocent III qui, en 1207, octroya des indulgences plénières à ceux qui prieront dans l'église de Notre-Dame d'Avénières le *vendredi*, et, par la même bulle, consacra au *relièvement du Moustier* le revenu des religieuses.

C'est de là qu'est venue cette coutume, qui se perpétue de nos jours, de visiter l'église d'Avénières le vendredi, ainsi que le pratiquent chaque semaine beaucoup de personnes de la ville et surtout des faubourgs de Laval.

Dans le quatorzième siècle, une guerre s'étant élevée entre la France et l'Angleterre au sujet des troubles de Bretagne, de nouveaux brigandages désolèrent notre pays. Avénières se revit infesté des écumeurs de mer. « Tout, rapporte Bourjolly, fut pillé, saccagé, brûlé et les servantes du Seigneur livrées aux plus honteuses brutalités. »

A la suite de cet évènement, les religieuses se retirèrent au Ronceray d'Angers. Un siècle et demi déjà s'était écoulé depuis leur fuite, quand le noble frère de Jeanne de Laval, épouse du bon roi René d'Anjou, et de Pierre de Laval qui avait été protonotaire du Saint-Siége, évêque de Saint-Brieuc, archevêque de Reims, premier Pair de France, et qui en cette qualité fit la cérémonie du sacre de Charles VIII, Guy XV enfin, renouvela les essais faits par ses prédécesseurs pour ramener au prieuré de Notre-Dame d'Avénières une colonie des religieuses du Ronceray. Il s'adressa à la Prieure qui seule habitait le monastère abandonné. Celle-ci lui fit parvenir un mémoire explicatif et plein de cet esprit de douceur qui est l'essence du caractère de la véritable colombe des cloîtres. Il fut aisé à Guy de comprendre alors pourquoi les religieuses du Ronceray ne se rendaient point aux désirs qui leurs étaient si souvent manifestés. Ce document, d'une grande importance pour l'histoire d'Avénières, a été cité par quelques écrivains de notre pays, mais il est resté ignoré du public. Cependant il mérite d'être connu en son entier, parceque, selon nous, c'est le flambeau qui jette la plus vive lumière sur la question qui nous occupe, et qu'il nous a été remis par la pieuse main de la seule des Prieures de Notre-Dame d'Avénières qui, pendant un laps de temps de huit siècles, nous ait laissé des notes historiques sur ce monastère.

Voici ce curieux document (1).

« Pourquoy il est à sçavoir que mondit seigneur de Laval, appelé Guy, seigneur de Laval-Guyon, premier fondateur dudit Prieuré, luy étant sur un pont de Maine, tomba avec son cheval dedans la rivière, mais en réclamant l'aide de Nostre-Dame. Sans mal avoir, il se rendit devant un grand champ plein d'aveines; tellement que en soy retirant de la rivière, il passa par sur iceluy champ, auquel trouva une imaige de la glorieuse vierge Marie avecques des lampes allumées; ainsi que naguères avait trouvé la duchesse d'Anjou au Ronceray d'Angers. Tellement que bientôt après il ordonna et fit faire une église pareille au plus près qu'il pût de celle de Notre-Dame d'Angers; et, pour ce faire, reprint le champ que paravant il avait baillé en partaige à sa sœur, mariée au Seigneur

(1) L'original, déposé au trésor de Laval, était un petit livre en parchemin, relié et couvert de velours rouge cramoisi, avec pourfilures de fil d'or et signé *P. de Monbron*; c'est sur l'original que la copie que nous allons donner a été collationnée par André Thibault et Olivier Lebreton, notaires à Laval, le 17 octobre 1553. Cette pièce faisait partie d'un mémoire imprimé en 1750, à l'occasion des contestations élevées entre les habitants d'Avénières, et la Prieure, sœur d'Andigné.

de Saint-Berthevin; lequel seigneur, pour augmentation du lieu, donna, par après, du consentement de sa femme, sa tierce partie dudit lieu.

« Mais depuis, il fut contraint d'aller à la guerre contre les Sarrazins (1); si que son revenu n'était suffisant pour le soudayer et soutenir en tel cas, parquoi il fut advisé du Saint-Père, avecques le consentement des religieuses, que tierce partie luy seroit rendue, tant de féages que de dixmes.

« Et est à noter que l'église avecques le logis des religieuses étaient avant faits que le bourg ne aultres maisons; et, à un jour de my-aoust que ledit seigneur, premier fondateur, était venu en voyaige, ému d'un grand zèle de dévotion, de son gré et propre motif, donna auxdites religieuses usaige en forest de Concise, tant pour chauffaige que pour maisons, tant pour elles que pour leurs subjets qui désiraient être plus près de l'église, et réserva à luy son droit de lever la taille sur lesdits subjets des Religieuses.

(1) Ce passage du mémoire de Perrette de Monbron ne laisse aucun doute à l'égard du fondateur réel de l'église et du prieuré de Notre-Dame d'Avénières. Le seigneur de Laval dont il est ici question ne peut être que Guy II. En effet, l'envahissement des Sarrasins excitait déjà un grand enthousiasme chez tous les adorateurs de la Croix. En 1027, quarante chevaliers Normands, en revenant de la Terre-Sainte, se signalèrent au siége de Salerne, près Naples, qu'ils défendirent, pour le duc Gaïmar, contre ces barbares, qui, cinq années plus tard, en 1032, enlevèrent la Syrie à l'empereur d'Orient, Romain Argyropyle. En 1041,

« Mais depuis, lesdits subjets persuadèrent et donnèrent à entendre auxdites Religieuses que les officiers de mondit seigneur de Laval leur faisaient de grandes oppressions; par quoy ils ne pouvaient suffire à payer les rentes et amendes es-quelles ils étaient taxés.

« Pourquoy, en faveur de charité, les pouvres religieuses supplièrent mondit seigneur de Laval, leur fondateur, que son plaisir fût que ses officiers ne eussent plus que voys sur lesdits subjets. Dont ledit seigneur fut content et pourtant qu'il fût trouvé que lesdits subjets avaient excédé plus que nécessité, au grand dommaige et préjustice du seigneur et de sa forest; et moyennant ce, lesdits subjets se désistèrent de leurs droits de forest, et lesdites Religieuses, pour soulager leurs dits subjets, desquels ne connaissent pas la cautelle et malice, consentirent que la somme de sept livres seroit baillée et ammistrée audit seigneur par la main de la Prieure, et que le

Maniacez, l'un des généraux de Michel IV, dit le Paphlagonien, parvint à les chasser de la Sicile; mais ils s'en emparèrent de nouveau après le départ de leur vainqueur pour Constantinople.

C'est vers cette époque que le seigneur de Laval, Guy II, *fut*, ainsi que le rapporte Perrette de Monbron, *contraint d'aller à la guerre contre les Sarrazins.* Après lui, son fils et ses petits-fils accompagnèrent Guillaume le Bâtard à la conquête de l'Angleterre, et ses arrières petits-fils, à la voix de Pierre l'Hermite, qui était venu prêcher la croisade en nos contrées, furent au nombre des princes chrétiens qui s'armèrent pour la délivrance des Saints-Lieux.

benefice seroit subget à faire lesdits deniers bons pour sublever leurs subgets. Parquoy aujourdhui veulent dire lesdits subgets que lesdittes Religieuses sont subgetes à payer laditte taille et non pas eulx.

« *Item* En ce que touche les statuts et ordonnances anciennes, lesdittes religieuses avoint quatre chapelains, auxquels, par la présentation desdittes Religieuses, l'evesque donnoit puissance et auctorité pour la cure et administration des ames tant des Religieuses que de leurs subgets et paroissiens.

« Lesquels chapelains estoint obligés, au commencement de leur institution, d'aller au chapitre de Notre-Dame d'Angers, pour faire le serment à l'abbesse et à ses religieuses de garder l'onneur, profits et les droits des religieuses, ou autrement les religieuses povoint et doibvoint les destituer, sans que aucun les en peut empescher. Auquels chapelains, pour leurs gaiges et salaires fut baillé la tierce partie de toutes dismes et premices, sans autre chose prendre fors leurs pratiques de aministrer les sacrements auxdits paroissiens.

« *Item* est à noter que audit lieu de Notre-Dame d'Avenières estoint à résidence les religieuses tant dudit lieu que de Bonchamp ; et, partant, oudit lieu y avait un cloistre contenant presque tout le cimetère près l'église, avec leur chœur *entre six pilliers au milieu de l'église* en quoy elles avoint leurs clostures, si que toute la sarcherie de leur coûsté demouroit en leur enclous, et, en telle disposition, tenoint et possedoint leur dite église, en y prenant du tout en

2

tout les oblations et offrandes, à celle charge d'entretenir laditte eglise en réparation et aultres choses nécessaires.

« Mais survinst, à plus de *cent cinquante* ans, une guerre en laquelle fût grant émotion du peuple, et retirèrent plusieurs, en spécial les subgets, leurs biens tant en l'église que dedans le Moustier; tellement que les anemis qui estoint, pour le temps, sur le lieu davantaige, saisirent tout ce qu'ils purent prendre et ravir, apousèrent le feu et brûlèrent presque toute l'église, ainsi que démonstre encore de présent les cloistres et tout le Moustier.

« Tellement que les religieuses furent contrainctes d'aller et fuir à Angers, forsque deulx, lesquelles, pour la non-puissance d'une, demeurèrent plus mortes que vives, et de fait trépassèrent tantoust après la guerre finie.

« Et de celuy temps se trouvèrent chez Monseigneur de Laval deux chapelains, requerant que ce que lesdittes religieuses donnoint à leurs quatre chapelains fut donné à deux curés, tant en Avenières qu'en Bonchamp. Ce que leur fut octroyé pour que ils estoint familiers dudit seigneur.

« Et par tel appointement les religieuses demourèrent quittes du service à faire, jusques au bon plaisir de leur fondeur et tant quelles fussent restituées (rétablies) en leur premier état; moyennant que lesdittes religieuses reservoint du tout à elles les démontrances de leur premier état, qui estoit tel que leurs dits quatre chapelains estoint subgets par semaine l'un comme l'autre; c'est à savoir : un pour dire la messe auxdittes religieuses, l'autre à Bonchamps et l'autre à Saint-Pierre-de-la-Poterie. Le quart étoit chapelain de la prieure pour lui dire la *messe en bas* aux jours qu'elle estoit occupée pour les affaires du prieuré, et aussi estoit subget deux fois la semaine à dire la messe aux pouvres en leur aulmosnerie de la chapelle Saint-Michel.

« *Item.* Est à noter que les deux curés d'Avenières et de Bonchamps ont usurpé sur les religieuses certaines queterys et novalles, dont il s'ensuit de présent que la tierce partie qui leur fut baillée anciennement pour gaiges, vault mieux que les deux pars qui sont demourés aux religieuses, et semble que est mal entendu le droit commun de préférer un seul curé à une congrégation soient religieux ou religieuses, faisant service collégial; car, en l'Ancien Testament, les serviteurs de Dieu et de l'église estoint toujours en collége et, après que la foi catholique fut reçue de notre Saulveur Jésus-Crist, furent appelés religieux pour la religion crestienne.

« Pourquoy il ne s'ensuit point que l'on doibve perdre ses droits qui ont été donnés au temps passé en plusieurs religions et couvents; car saint Jérôme et saint Benoist, qui ont baillé à tous religieux et religieuses reigle défendant toute négociation, et que les religieux et religieuses ne doibvent vivre du labeur de leurs mains, ainsi fault qu'ils vivent de leurs fondations.

« *Item.* Est à noter que les religieuses audit lieu d'Avenières faisoint le service en la manière qu'il est fait au Moustier d'Angers, en tel état et disposition que:

« De la heure de mynuit jousques à troys heures, elles disoint les Matines;

« Et depuys troys heures jousques à six elles se povaint repouser ;

« De six heures à sept entendre à leurs négoces et affaires ;

« De sept heures jousques à mydy le plus du temps en les heures et les prières pour tous les estats de sur la terre;

« Par chacun jour ou chapitre, puis les grandes messes.

« Lesquelles choses accomplies, elles prennent leur réfection o la sainte lecture, faite par une des religieuses à ce commise et deputée ;

« Une heure après mydy, elles se povent dormir et repouser ;

« Puys, à deux heures, commencent à dire Nonne, Vigiles et Vespres, et durent jusqu'a cinq heures;

« Et, après collation faite, prennent ung peu de réfection, si temps est, disent complies, et après se vont repouser pour se lever à mynuit comme dit est.

« Et, tous les dimanches, la religieuse commise à faire la lecture était aministrée entre les Agnus et la Post-Commune.

« Et le jour que lesdittes religieuses estoint aministrées, elles ne recepvoint point la paix, forsque de leur prieure, laquelle premièrement baisoit la platène, par l'aministration du secretain dudit lieu d'Avenières.

« Et en demonstrance de cecy, encore de présent. aux quatre grant festes de l'an, la vigille et le jour, le curé et le secretain ont leur disner et pitance avec leur messe poyée sur les oblations de la messe.

« *Item.* Sont fondées lesdittes religieuses au plus grant droict de l'église d'Avenières, comme il appert par la bulle du Pape Innocent, troisième de ce nom, le onzième an de son pontificat, en l'an mil deux cent et sept, lequel confirme auxdittes religieuses toutes les dismes tant de Bonchamps que d'Aveniéres, et, avecques ce, pour l'augmentation et relièvement du monastère et prieuré, donna grans pardons et indulgences par chacun vendredy à tous qui visiteront le lieu et donneront de leur bien pour refaire le Moustier.

« Et ont été les bulles dudit pardon baillées ès mains du curé et des paroissiens, et sont du tout perdues pour les religieuses.

« Tellement que lesdittes religieuses ont été adverties et est venu à leur cognoissance que les paroissiens, en l'an mil quatre cent soixante et quatre, ont impétré autres pardons o préjudice desdittes religieuses, et donnèrent entendre au Saint-Père que l'église de Notre-Dame d'Avenières estoit du tout à eulx, non faisant mention du prieuré.

« *Item.* Pour le temps que les religieuses estoint en grant nombre, résidentes sur le lieu, elles avoint totalement laditte église à elles, et n'estoint, en ladite église, aministrés fors les paroissiens du coûsté des religieuses; et les paroissiens de l'autre coûsté de la rivière estoint aministrés à Saint-Pierre-la-Poterie.

« Mais quand les religieuses en furent hors par le temps de la guerre, comme dit est, le curé avecques ses paroissiens firent conclusion que tous ensemble seroint aministrés oudit lieu d'Avenières; et, par ce, ont usurpé le lieu et plusieurs debvoirs et droiz sur lesdittes religieuses, lesquelles n'estoint point sur le lieu pour veoir et cognoistre les choses qui leur povaient porter conséquence.

« Parquoy les prieures, depuis celuy temps, sçavoir est dame Sybille de Mylon et dame Ysabeau de Brée, en leur temps, plaidoirent toute icelle matière; si que, tant par default de l'aide de leur fondeur que pour acheter patience avecques leur curé et paroissiens, firent apointement que les oblations seroint parties moitié par moitié; à ce moyen que les paroissiens seroint tenus d'entretenir l'église de toutes réparations, et aussi que le curé et le secretain seroint subgets d'accomplir le service, en prenant, le curé, la tierce partie sur la part des religieuses; duquel apointement se sont consenties l'abbesse et couvent, jousques au bon plaisir de leur fondeur, et jousques à ce que les religieuses eussent leur église comme par avant, et fussent mises en leur premier estat.

Par quoy l'abbesse et couvent de Notre-Dame d'Angers avecque la prieure d'Avenières, Perrette de Monbron, se soumettent à tout ce que dit est, d'avoir des religieuses, moyennant son revenu rendu en ses mains, ou la valeur avecques l'église et lieu du cloistre.

« Laquelle davant dite Perrette se complaint à mondit seigneur son fondeur de plusieurs excès, lesquels lui ont été faits audit lieu.

« Et premier, le jour et fête de Nouel, l'an mil quatre cent quatre-vingt et six, les paroissiens du cousté de la Poterie se efforcèrent de vouloir brûler sa maison, en y entrant par sur les murs, et, à force, ouvrirent les bus et battirent les servantes, et commirent aultres grans excès.

Item. L'an mil quatre cen quatre-vingt et huyt, lesdits paroissiens ont rompu les murs à l'occasion d'un dépit qu'ils ont contre la prieure, pour ce qu'elle avoit fait condamner une porte ; laquelle porte ne lui servoit de rien, seulement estoit contre l'onneur de l'église et de l'estat de religion, et supposé qu'elle fournist les paroissiens d'autres parts.

« Pour les dismes et aultres affaires, les paroissiens ont voulu et veulent asubgetir à faire leurs charrois par le lieu de leurs cloistres anciens, dont à présent est fait un petit cymetère, et tout est terre benoiste. Par quoy n'est licite de y faire ne avoir passaige, et aussi que en maison de religion ne doibt avoir que une porte forame autre que celle de l'église.

« En oultre se complaint ladite prieure, que les paroissiens, par force et oultre son vouloir, luy out empesché la closture de sa chapelle qu'elle a, de droit et de coustume, tenir clouse si comme les apparoissances y sont encore de l'ancienne closture.

« Par quoy très-humblement supplye, ladite prieure, à très-haut, et très-honoré prince et noustre très-redoubté seigneur, monseigneur le comte de Laval, que si c'est son plaisir que le service soit fait des religieuses, selon les premières ordonnances, commander et ordonner que la prieure et ses compaignes soient remises en droits et liberté, tant de ladite église que aultre chose comme dit est.

« Et ladite prieure se oblige de prendre des religieuses en tel nombre qu'elles pourront estre substantées et alimentées selon le revenu du prieuré et audit de gens de biens, en comptant la dépense tant de vivre que de vesture, en réservant aucune chose pour la nécessité des malades, et telle permission veuille donner et octroyer le Saint-Père auxdites religieuses pour servir Dieu et la Vierge Marie, réclamée, priée et servie audit lieu de Nostre-Dame d'Avenières.

« Que mondit seigneur de Laval fist faire l'église de Nostre-Dame d'Avenières, appert par la donnoison et présentation qu'il en fist aux religieuses, dont il y a lettre signée et scellée de son sceau, auquel, selon la coustume ancienne du temps, laissa audit sceau poignée de ses cheveulx et de sa barbe (1).

---

(1) Perrette de Monbron ne fait pas connaître la figure ou le signe que représentait ce sceau. Doit-on en conclure qu'il ne ressemblait en aucune façon à celui de beaucoup d'autres seigneurs, et que conséquemment ce sceau n'en était pas un ?

Cependant les chevaliers qui étaient revenus de la Palestine (1027) avaient dû, pendant leur séjour en ces lieux, prendre goût pour les armoiries, au cas que les figures symboliques leurs fussent complètement inconnues avant leur départ. Mais alors comment expliquer le sceau de Hugues Capet (988), lequel représentait un homme avec une couronne fleuronnée, cheveux courts, longue barbe fourchue, tenant un globe dans la main gauche, dans la main droite la *main de justice*.

« *Item.* Du seigneur de Saint-Berthevin appert par la deffense de dame Sybille de Mylon, laquelle lui demonstra clairement qu'elle n'estoit tenue aucunement de luy bailler aucune déclaration pourtant qu'il ne luy estoit demeuré de feaige que les deux parts de Monseigneur de Laval (2).

« *Item.* Fist les appointements pour les oblations de l'église avecques son curé et ses paroissiens, si comme ils sont encore de préseuts, fors qu'elle, l'abbesse et couvent réservèrent que c'estoit jousques au bon plaisir du Saint-Père et de leur fondeur.

« Et est à noter que l'eglise d'Avenières fut faicte tantoust après que de naguères avait été l'eglise de la Poterie, sacrée et dediée à l'onneur de Dieu et de saint Pierre, lequel temple, par avant, estoit un temple d'ydoles; et tout ce fut faict tantoust après que l'eglise de Nostre-Dame d'Angers fut faicte.

« *Item.* Que les religieuses sont fondées au plus grand droict de leur église, il appert parce que seulement sont subgectes de leur evesque, auquel elles poyent pour la visitation 10 livres 18 sols tournois; et pareillement elles sont tenues poyer au pape 109 sols 8 deniers, quand il réserve et retient à luy les procurations; et n'en poyent aucune chose les curés ou vicaires; et, avec ce, poye

(2) Ce passage du mémoire constate parfaitement qu'aucun seigneur de Saint-Berthevin n'a été considéré fondateur de l'église et du prieuré de Notre-Dame d'Avénières; tandis qu'en tous les temps les religieuses ont donné ce titre aux successeurs de Guy II, seigneur de Laval.

ladite prieure, pour le dixième, soixante sols, et à l'archidiacre de Laval, quand il prent les visitations faire en personne, 54 sols 8 deniers: et au Dam (seigneur) de Laval 13 sols 4 deniers, et aussi les deniers synodaux.

« Lesquelles visitations se doibvent faire en telle manière que à la prieure et à ses religieuses doibt estre faict ung sermon en leur chapitre; et, par après, s'il y a aucune chose qu'il faille ouster ny blasmer tant en l'église que ès religieuses et en leur service, l'evesque doit pourvoir à tout par commandement exprès avec contrainte, d'amender les défaulx; et, avecques ce, quand il y a de jeunes religieuses en l'âge de vingt-quatre ans, l'evesque les doibt venir beneistre et consacrer, et, un an ou deux avant la consécration, venir ou envoyer examiner lesdittes religieuses, pour sçavoir comment elles sont savantes, tant de leur reigle que de leur service, à ce que plus dignement elles recepvent l'onneur de sainte bénédiction, et suppouse que les religieuses fassent leur debvoir envers leur evesque, selon l'ancienne et première coustume.

« Si ainsi est qu'il y ait des religieuses audit lieu d'Avenières, qu'elles soient entretenues de leur evesque ainsi qu'il appartient.

« Ce fait et présenté à très-hault, très-puissant et nostre très-redoubté prince et seigneur, monseigneur le comte de Laval par la main de Perrette de Monbron, prieure dudit prieuré de Notre-Dame. »

L'original de ce mémoire, adressé à Guy XV, le 24 décembre 1488, a été, avec les bulles pontificales et les autres richesses du chartrier du château de Laval, livré aux flammes dans la cour de la maison commune (occupée aujourd'hui par la halle aux blés), par les ordres du district qui taxa à 15 livres les honoraires du citoyen chargé de transporter ces précieux matériaux de notre histoire au milieu du brasier funèbre.

SUPRÉMATIE DES PAROISSIENS

ET FONDATIONS PIEUSES.

I.

L'écrit de Perrette de Monbron nous fait connaître que, depuis *cent cinquante ans*, le monastère de Notre-Dame d'Avénières n'était plus habité par les bénédictines du Ronceray. Plusieurs prieures cependant y résidèrent, et Perrette de Monbron elle-même y rendit son âme à Dieu le 12 décembre 1516.

Les seigneurs de Laval contribuèrent-ils à la restauration de l'église? Nous ne saurions l'affirmer; mais il est impossible de mettre en doute qu'à partir de cette époque, les paroissiens de l'église d'Avénières ne se considérèrent plus comme les sujets du prieuré. On remarque, en effet, qu'à l'exception de la nomination du sacriste, réservée jusqu'en 1790 au comte de Laval, ils s'attribuèrent en toute circonstance le patronage de la cure, que le fondateur avait annexée au prieuré; qu'ils traitèrent de puissance à puissance, non-seulement avec leurs curés, mais encore avec les dames prieures, et qu'ils adressèrent, en leurs propres et privés noms, une requête au pape Pie II, afin d'obtenir une bulle en leur faveur, laquelle leur fut octroyée en 1464.

Cette bulle n'a certainement point consacré des droits qui auraient pu être contestables. Rome dût reconnaître alors que si l'église de Notre-Dame d'Avénières était sortie plus belle et plus florissante du sein de ses décombres, ce résultat devait être attribué au dévouement des fidèles de la paroisse.

L'examen, d'ailleurs, des déclarations faites par les procureurs-syndics au gouvernement de Louis XIV, suivant une ordonnance royale du 5 juillet 1689, (1) nous a permis de constater que les « dons

(1) Une ordonnance précédente de Louis XIV, datée de Saint-Germain-en-Laye, le 13 janvier 1679, établit un *notaire* en la paroisse d'Avénières *pour la commodité des habitants.*

C'est aussi vers le milieu du règne de Louis XIV que fut publié pour la première fois le fameux noël national pour le comté de Laval, où l'on rencontre le couplet suivant :

Ceux du quartier d'Avénières
Viendront en rang ordonné
Apporter à la commère
Un potage safrané
A la muscade; c'est pour donner appétit
A la Mère du petit.

legs, fondations pieuses, les rentes foncières, perpétuelles et annuelles, ainsi que les fonds et les terres baillés pour le service d'icelles, au profit de l'église et de la cure, » sont les fruits de la piété des paroissiens de Notre-Dame d'Avénières.

Le passage suivant, extrait de la chronique en vers de Le Doyen, vient à l'appui de notre observation.

En ce présent an (1534), sans mentir
Je veulx parler, sans alentir,
Des miracles qui, chacun jour,
Se font de par Dieu, cy entour,
Par les requestes et prières
De Notre-Dame d'Avénières.
Car toutes gens de lointains païs,
Sont garis de leurs maladies,
Quelque langueur, quelque doleur
S'en vont tretous à joyeulx cœur.
Gens malades de fiebvre et goucte
Et même gens qui n'y voient goutte,
Faisant leur prière et requeste
Sont exemptés de faire queste.
Pourquoy ils ont grand revenu,
Paroissiens ont prévenu
Commencer un grant édifice
Qui moult sera à eulx propice.
Car pour certain, à vrai parler,
Il n'y avoit tour ne clocher.

Pourquoy les bons *paroissiens*,
Les procureurs et autres gens
Y ont pourveu par bon conseil
Qu'en Laval n'aura rien de pareil.

Ainsi, non-seulement les paroissiens d'Avénières ont sauvé de l'oubli et de la ruine le sanctuaire de Marie, mais c'est par leur générosité seule qu'il a été agrandi, embelli, décoré d'autels et qu'on y a multiplié même les cérémonies et les chants religieux.

Nous regrettons de ne pouvoir donner, comme preuve de leur dévouement et de leur piété, la liste de toutes les fondations pieuses, émanées de leur amour pour la gloire du culte que professe notre mère la sainte Eglise envers la Vierge immaculée; nous le regrettons d'autant plus que nous aurions révélé à un grand nombre de familles de notre ville, qui les ignorent peut-être, les bonnes œuvres de leurs aïeux.

Cependant, comme document historique et à l'appui de ce que nous venons de dire, nous croyons utile de consigner ici les dons faits, par exemple, par Charlotte, Catherine et Michel *Quehery*, lesquels, par testament, lèguent sur les deniers les plus clairs de leur succession, la rente nécessaire pour solder le coût des *cinq processions de l'octave du sacre* et *la messe du saint nom de Jésus* à célébrer le 16 janvier de chaque année;

Le don d'Elisabeth Collet, de la Chouannière, établissant, par son testament du 28 février 1625, en l'église de Notre-Dame d'Avénières, le chant de l'hymne *O Filii et Filiæ* du jour de Pâques;

Celui de Franc Rousseau et de son épouse, Anne Charlot, constituant, par acte du 10 janvier 1555, la rente de huit boisseaux de froment rouge, pour *le pain de la communion et le pain bénit* du jour de l'Assomption;

Celui de Thomas Journée, qui donne par son testament du 26 novembre 1602, la closerie de la Monnerye, à la charge de payer chacun an *aux pauvres de la paroisse, le jour de la Toussaint, vingt-deux livres, et cinq livres pour la boîte des trépassés*;

Celui de Mme de la Ragottière, pour *l'entretien de la lampe du chœur*;

Celui d'Anne de Rougé, prieure d'Avénières, (1643) pour *le service d'absolution*, célébré le vendredi de chaque semaine;

La rente de quatre pots de vin, du crû du pays, constituée le 7 janvier 1521, par Estienne Rubault, pour la communion du jour de la Toussaint;

Celle de trois jalles de vin, pour la communion du jour de Pâques, fondée le 29 décembre 1548;

Celle de vingt-cinq pots de vin, fondée par Vincent Seiget, demeurant à la Croix-Seiget (aujourd'hui la communauté du Sacré-Cœur), pour les habitants après la communion du jour de Pâques ;

La donation de deux quartiers de vignes (en Fromentière), pour les messes à célébrer en l'église de Notre-Dame d'Avénières (1522);

La rente d'un boisseau de froment rouge, assignée le 5 septembre 1581 sur les moulins d'Avénières pour le pain de la communion ;

La fondation, par Pierre Leclerc, seigneur de la Manourière, de six messes basses à célébrer aux fêtes de Notre-Dame ;

Enfin la fondation par Barbe Desaleux, veuve Jean Labbé, d'une messe qui doit être célébrée tous les dimanches dans l'église de Saint-Pierre-de-la-Poterie, suivant le testament de cette pieuse dame, du 21 février 1691.

Dans l'énumération très-abrégée que nous venons de faire des bienfaiteurs de l'église de Notre-Dame d'Avénières, on ne voit point figurer le nom des châtelains et des châtelaines du temps. C'est une remarque que nous avons faite avec surprise. En effet, à l'exception des prédécesseurs du marquis de Villaine, seigneur, en 1689, de Saint-Berthevin, nul acte ne fait mention des dons faits à cette église par les familles de haute ou de basse noblesse. La classe ouvrière seule, représentée par les maîtres lavandiers et les maîtres tisserands, fournit son contingent de fidèles dévoués.

D'où vient cela ? N'en trouverait-on point la raison dans la réédification et la restauration de l'église de Notre-Dame d'Avénières par la classe ouvrière de cette Paroisse, ce qui expliquerait parfaitement alors sa prépondérance dans l'administration des affaires religieuses de la paroisse.

Depuis le milieu du quatorzième siècle jusqu'à la révolution, quel a été le représentant du seigneur fondateur de l'église, auquel, tous les dimanches, le curé devait offrir l'encens, l'eau bénite et le pain bénit ?

Etait-ce un membre de la famille du châtelain du Boisgamats ?

Non ; cette famille possédait dans l'église la chapelle dite de *Saint-Maur-du-Boisgamats*, la première à gauche dans le déambulatoire; elle y inhumait ses défunts; mais elle ne siégeait point dans le *banc seigneurial* de la paroisse.

Etait-ce un membre de la famille du châtelain de l'Epine ?

Pas davantage, elle possédait aux mêmes fins que la précédente, l'autre chapelle de droite, et ne siégeait point dans le banc seigneurial.

Etait-ce le commandeur de Thévalles ?

Encore moins ; son banc, il le tenait à ferme des paroissiens.

Etait-ce la dame Prieure ?

Le curé pouvait-être tenu à lui offrir le pain bénit; mais elle ne recevait ni l'encens, ni l'eau bénite.

Quel était donc en définitive le représentant réel du fondateur de l'église de Notre-Dame d'Avénières?

Le peuple, c'est-à-dire la communauté des fidèles, les ouvriers, les paysans, ceux-là qui avaient relevé le vénéré sanctuaire de ses ruines et l'avaient noblement doté depuis le départ des religieuses.

La bulle du souverain Pontife Pie II, en 1464, est la consécration de ce fait mémorable.

Ajoutons encore que, dans toutes les circonstances, les paroissiens de Notre-Dame d'Avénières se sont attribuées en fait l'omnipotence qui appartient, à titre de privilège, aux fondateurs.

L'histoire de cette paroisse, pendant les siècles qui ont précédé la révolution, offre, sous ce rapport, un immense intérêt. Nous ne pouvons, malheureusement, entrer dans de longs détails; nous ferons connaître seulement deux faits particuliers et qui prouvent d'une manière incontestable que les paroissiens d'Avénières se considéraient comme maîtres et agissaient dans certains cas avec autant d'énergie et d'autorité que l'eût fait un très-haut et très-redouté seigneur.

Un matin, par un froid très-vif du mois de décembre 1689, une compagnie de 200 hommes du régiment de Mérode-infanterie, était arrivée au milieu du bourg d'Avénières, avec des billets de logement, et munie de l'autorisation donnée par l'administration de Laval aux soldats, *de rompre les portes* au cas de refus de la part des habitants de les recevoir.

A la vue de ces soldats, les bons habitants d'Avénières, quoique peu timides de leur naturel, éprouvèrent une certaine émotion, ne sachant s'ils avaient bien ou mal compris les menaces qui leur étaient faites. Ils manifestèrent à leurs hôtes armés le regret qu'ils éprouvaient de les voir ainsi exposés à un air très-rigoureux, les plaignirent d'être les victimes de l'entêtement de l'administration de Laval; mais soutinrent qu'ils ne pouvaient en aucune façon remédier à leurs misères, vu que « la paroisse d'Avénières était exempte du logement des gens de guerre, comme étant paroisse de plat pays, suivant plusieurs arrêtés du parlement et une ordonnance de Mgr l'intendant de Tours, du 2 mars 1676. »

Ces explications ne parurent guère péremptoires à une troupe fatiguée et affamée, qui se mit bientôt en devoir d'exécuter les ordres de l'administration de Laval.

Voyant cela, les paroissiens d'Avénières comprirent que ce qu'ils avaient de mieux à faire, était d'ouvrir leurs portes. Ils s'exécutèrent donc, en protestant toutefois et en déclarant qu'ils se pourvoiraient devant qui de droit contre les entreprises du maire et des échevins de Laval.

Le succès que venait d'obtenir l'administration de cette ville avait sans doute dépassé ses espérances. Aussi, dès le commencement de l'année suivante, MM. les maires et échevins de Laval s'empressèrent-ils de donner aux paroissiens d'Avénières communication d'une lettre adressée par eux à l'intendant de la généralité de Tours, dans laquelle ils disaient que « la paroisse d'Avénières devait, comme la ville, participer au logement des gens de guerre, pour les raisons suivantes :

« 1° Parce que le clergé de Notre-Dame d'Avénières ne fait qu'un corps avec celui de la ville;

« 2° Parce que la partie de la rue de Rivière, annexée à cette paroisse, est en-deçà des portes et murailles de la ville, et que la somme commise à son entretien est prise sur les deniers de l'octroi.

Cette nouvelle retentit dans la paroisse comme un coup de foudre, et le dimanche suivant, 6 février 1690, après la grand'messe, les hommes se réunirent dans la sacristie en assemblée communale, et prirent les décisions suivantes :

« Sur la remontrance qui leur a été faite, est-il dit dans le procès-verbal, les habitants d'Avénières donnent unanimement et de concert ordre à leurs procureurs-syndics :

« 1° Au cas que le clergé de Notre-Dame d'Avénières voulut, au temps des quarante heures et des fêtes patronales, se rendre processionnellement aux églises de la Sainte-Trinité et de Saint-Vénérand de Laval, de tenir enfermés la croix et les ornements de la paroisse ;

« 2° Au cas que, par opiniâtreté, MM. les curé sacriste et prêtres habitués de la paroisse, tinssent à aller processionnellement aux églises de la ville, de les priver des choses qui ne leur appartiennent point, afin de montrer que le temporel n'a rien de commun avec le spirituel ;

« Que les habitants d'Avénières n'approuvent en aucune façon les processions et les transports qui ont lieu réciproquement de la part du clergé de la ville et de celui d'Avénières, à l'occasion de la sépulture des ecclésiastiques. Défense conséquemment est faite à M. le curé, aux procureurs-syndics et à leurs successeurs de se servir et de fournir à cet effet la croix et les ornements sacerdotaux appartenant à la paroisse. »

Cette décision fut agréée du clergé de la paroisse; et deux ans plus tard, le 7 septembre 1692, l'un des prêtres habitués, M. Sulpice Marie-Roussellière, fit don aux habitants d'une somme de 400 livres pour faire face à tous les frais que nécessitèrent les poursuites à diriger au conseil d'Etat et devant l'intendant de Tours, contre le maire et échevins et corporations d'arts et métiers de Laval.

Le fait suivant n'est pas moins significatif que le premier.

Vers le commencement de l'année 1666, M. le curé d'Avénières adressa une requête, en forme de plainte respectueuse, à Mgr l'évêque du Mans, pour lui soumettre divers griefs contre ses paroissiens.

« Les habitants, dit-il dans cette requête, sont de fort bonnes gens sans doute, mais ils ont un caractère tant soit peu breton. Qu'ils aient raison ou qu'ils aient tort, ils s'acheminent toujours vers le but où le vent les pousse, et le calme survenu, ils demeurent dans l'ornière ou au milieu du chemin, jusqu'à ce qu'une tempête les en vienne déloger. C'est ainsi, par exemple, que messieurs mes paroissiens ont pris l'habitude :

« De tenir leurs assemblées communales pendant le prône et de traiter les affaires de la paroisse hors la présence et sans la participation du curé;

« De molester leurs pasteurs jusqu'au point de fermer les yeux sur l'inconduite de leurs procureurs de fabrique, lesquels établissent leurs femmes gardiennes et dépositaires

taires des calices, corporaux, chasubles et autres objets sacrés de l'église, dont elles diposent à leur gré et à leur goût, au profit de n'importe quel ecclésiastique, connu ou inconnu, sans s'inquiéter si ceux-ci se sont préalablement adressés au curé, qui, seul, peut reconnaître s'ils sont dignes d'être admis à célébrer le saint sacrifice de la messe;

« 4° De souffrir que les procureurs sortant de charge ne rendent compte de leur gestion qu'après une, deux et même trois années écoulées, et, une fois rendue, qu'ils retiennent entre leurs mains, pendant un long espace de temps, les sommes dont ils sont reliquataires d'après la clôture de leurs comptes;

« De prendre en forme d'emprunt à intérêt, les deniers provenant de la fabrique et de commettre le scandale de se livrer à de semblables marchés sans l'avis d'une assemblée communale, préalablement annoncée au prône de la messe paroissiale et hors la présence du curé; puis, afin d'éluder le paiement dudit intérêt, de conclure, à des prix excessifs, des marchés pour les nécessités de l'église, de façon à priver le général des habitants de pouvoir user d'autres moyens pour le paiement des sommes empruntées. »

Ces accusations, comme on le voit, étaient graves. Les habitants n'en repoussèrent aucune; mais, en véritables *seigneurs* courroucés, ils répondirent à cette requête par une autre requête, dans laquelle ils firent entendre des accusations non moins sévères contre leur curé, sur lequel ils firent pleuvoir un déluge de récriminations.

Dans leur requête, les procureurs de fabrique et les paroissiens d'Avénières déclarèrent que M. le curé et les autres prêtres habitués de la paroisse ne remplissaient pas, comme ils le devaient, les devoirs auxquels les astreignait leur ministère; ils les accusaient à leur tour :

« De faire de temps en temps des innovations, d'augmenter leurs salaires et honoraires, de se servir, en toutes les occasions, des ornements de l'église, chasubles, calices, aubes et livres, chacun d'eux en disposant en son particulier, et aussi du luminaire de la fabrique pour leurs messes privées et à rentes, et leur bréviaire ;

« D'apporter un trop long délai à la sépulture des corps des pauvres, pendant laquelle il n'est ni chanté ni fait chanter aucune prière pour le repos de leurs âmes ;

« De prendre, pour la publication des bans, la célébration des mariages et pour les sépultures et services des honoraires trop élevés; M. le curé prétendant régler ses droits sur ceux des curés des villes closes qui n'ont point de dîmes ou qui y sont du moins d'un revenu très-médiocre ;

« De ne pas vouloir accepter les officiers de l'église nommés et gagés *par les habitants*, prétendant avoir seul le droit de les choisir comme il l'entendrait ;

« De retenir en sa possession les registres de baptêmes une fois remplis, ce qui est contre l'usance des paroisses voisines et notamment de celles de Laval ; lesdits registres devant être déposés dans le trésor des titres de la fabrique;

« D'exiger des droits pour l'ouverture des fosses dans la nef de l'église, *laquelle nef appartient aux habitants seuls ;*

« De prendre, ledit curé, pour son assistance aux fondations et aux services, des honoraires trois fois plus élevés que ceux des prêtres habitués ;

« Enfin de se servir, pour ses messes particulières, des ornements de la sacristie, destinés seulement aux messes parochiales et de fondation, etc., etc. »

De telles plaintes aussi énergiquement articulées de part et d'autre, engagèrent l'évêque du Mans à renvoyer l'affaire devant le juge et official de la cour épiscopale, M. l'abbé René Lair, prêtre, licencié ès-droits, chanoine et archidiacre de l'église du Mans. La sentence qui fut prononcée le 1er avril 1666, mit fin à une dissention regrettable, et régularisa les bases sur lesquelles chacune des parties devait établir ses droits particuliers.

« Défendons, disait cette sentence, aux femmes et filles de s'immiscer dans le maniement des chasubles, calices, corporaux et autres ornements pour les administrer aux prêtres....

« Enjoignons au sieur curé de faire ou de faire faire incessamment la sépulture des corps des pauvres, en chantant ou en faisant chanter les prières ordinaires pour le repos de leurs âmes ;

« Pour ce qui est des mariages, il les fera gratuitement, recevra 10 sols pour sa messe, ou une somme plus élevée s'il plaît à la libéralité des épousés, mais sans qu'ils puisse les y contraindre ;

« Enjoignons au sieur curé de recevoir de la part des habitants les officiers capables qui seront nommés par eux, pour aider et faire le service divin, lesquels officiers seront pris parmi les prêtres habitant ladite paroisse préférablement à des étrangers ;

« Enfin, défendons au sieur curé d'exiger aucun droit pour l'ouverture des fosses dans *la nef de l'église appartenant pour* LE TOUT *à la fabrique d'icelle.* »

Nous avons vu plus haut, dans la chronique en vers de Guillaume Le Doyen, que la tour et le clocher de l'église de Notre-Dame d'Avénières avaient été élevés, en 1534, par les soins des habitants. En 1687, le clocher et les galeries de la tour se trouvèrent de nouveau dans un tel état de détérioration que les paroissiens s'étant réunis en assemblée communale, ordonnèrent « le rétablissement des galeries, du gros et de la pointe du clocher, y compris le coq. » (1)

Quelques années après, un sinistre effroyable porta la désolation au milieu de Laval et dans les campagnes environnantes. C'était le 2 février 1701, jour de la fête de la Purification de la sainte Vierge, à l'heure de la grand'messe. Un ouragan terrible qui avait arraché la toiture de l'église de la Sainte-Trinité de Laval vint s'abattre en même temps sur l'église de Notre-Dame d'Avénières. Il renversa une partie du clocher avec son énorme et pesant coq, les clochetons et les galeries en pierre, sur la toiture, que tous ces débris mutilèrent, tandis que le vent, qui portait partout ses ravages, enfonçait aussi le portail de la chapelle Saint-Roch du grand cimetière.

Le spectacle de ce désastre jeta la consternation dans le cœur des bons paroissiens d'Avénières. Ils adressèrent à ce sujet une respectueuse requête à Mgr l'évêque du Mans, et s'empressèrent de vendre, pour la somme de 500 livres, les ormeaux qui ombrageaient le petit et le grand cimetière, avec ordre,

(1) Le salaire des maîtres ouvriers, pour ce travail, fut arrêté à la somme de 16 *sols*, et celui des compagnons à 14 *sols* par jour. — Le boisseau de blé-seigle, à cette époque, valait 14 *sols*, le cent de fagots 5 *livres*, la viande de boucherie 3 *sols*.

signifié de leur part aux procureurs-syndics, d'employer immédiatement tout l'argent qu'ils ont entre les mains aux réfections et réparations du clocher et de l'église, « vu, dit le procès-verbal du 22 mai 1701, qu'on est *menacé d'un rabais sur les espèces, à partir du 1er juin prochain.* »

Que conclure de tous ces faits? C'est qu'évidemment les paroissiens de Notre-Dame d'Avénières étaient considérés, par l'autorité ecclésiastique et seigneuriale, comme les représentants réels du fondateur de cette église. Leur histoire, ou si l'on aime mieux, leurs faits et gestes, pendant les trois derniers siècles, offrent beaucoup d'autres exemples non moins curieux de leur omnipentence et que nous pourrions citer; mais nous ne voulons point entrer dans des détails que le lecteur trouverait sans doute fastidieux. Ce que nous venons de rapporter témoigne suffisamment de l'amour que les paroissiens portaient à leur église et de leur intervention suprême, décisive dans toutes les circonstances plus ou moins graves qui la concernaient.

L'histoire de la paroisse de Notre-Dame d'Avénières appellerait volontiers celle de l'église de Saint-Pierre-de-la-Poterie, de la commanderie de Thévalles, du Breil-aux-Francs et de Chevillé, membres en dépendant; (1) — celle de l'aumônerie de Saint-Michel, établie à l'entrée du bourg d'Avénières, sur la route de l'Huisserie; — celle de la chapelle Saint-Roch dans le grand cimetière, et de la chapelle, dite de la Madeleine-du-Roc, élevée au milieu du rapide côteau des Eperons, et beaucoup d'autres. Malheureusement, les bornes de cet ouvrage ne nous permettent pas de nous livrer à ces recherches si intéressantes pour notre pays.

Nos pères ont toujours eu la plus grande vénération pour Notre-Dame d'Avénières. Leur confiance en la Vierge protectrice de Guy II était si sincère et si profonde, que non-seulement ils se plurent à embellir l'église qui lui était consacrée et à l'enrichir de leurs dons; (2) mais ils voulurent encore

(1) Le temporel de cette commanderie était, en 1675, affermé 3,600 livres: de plus. le preneur devait servir une rente de 50 livres à chacun des trois chapelains chargés de célébrer deux fois par semaine, le saint sacrifice de la messe dans les chapelles du Breil-au-Francs, laquelle appartenait auparavant aux Templiers, de Saint-Jean-de-l'Hôtellerie, près la commune de Haut-Follis, et de l'hôpital de la Régale de Thévalles.

(2) L'ancien trésor de l'église de Notre-Dame d'Avénières était très-remarquable et très-riche. Il renfermait, entr'autres choses, *deux couronnes* en vermeil, l'une pour la

être inhumés dans l'enceinte du sanctuaire, et, en quelque sorte, devant l'autel même de Marie. Le registre des sépultures de la paroisse est plein de ces sortes d'inhumations, parmi lesquelles figurent des magistrats, des notaires, des avocats, des médecins, des négociants, des laboureurs, des tisserands, des veuves auprès de leur mari, des jeunes filles parées de la fleur de l'innocence. La mort devait être douce, en effet, à ceux-là dont les dépouilles reposaient ainsi sous l'égide de la Mère de Dieu.

Cependant, à l'époque de la révolution, triste époque où rien n'était respecté, ni ce qui était beau, ni ce qui était saint, l'église de Notre-Dame d'Avénières fut saccagée et dépouillée de ses ornements, et sa porte close. Un lourd silence régna désormais dans son enceinte, interrompu seulement de temps

Sainte Vierge, l'autre pour l'Enfant Jésus; — une chapelle en drap d'or pour le Saint-Sacrement, ornée de vingt-une croix en or, argent et cristal, avec une inscription en perles de soixante-douze lettres; — quatre boutons et quatre bâtons en or; — Un cœur en vermeil et un autre en émail; — un agneau d'or en forme de bague, enrichie d'une pierre bleue et d'une rouge; — deux bagues d'or, l'une garnie d'une émeraude, l'autre d'une agathe verte; — quatre tableaux en broderies: — quinze Agnus; — une petite tête portant une palme et un cœur; — six pièces de tapisseries devant sainte Anne, etc., etc.

à autre par le bruit des armes à feu des soldats qui avaient fait du grand cimetière un lieu d'exécution.

Ce temps, si justement appelé la Terreur, eut son terme. Un dimanche matin, le 1er juin 1800, fête de la Pentecôte, vers six heures, deux prêtres de Jésus-Christ, M. Leveau, ancien curé de La Gravelle, et M. Pommier, ex-bénédictin, ayant à la main un bénitier, réconcilièrent l'église de Notre-Dame d'Avénières qui était remplie de fidèles.

A dater de ce moment, l'église demeura constamment ouverte pour nos pieuses populations. Des bourreaux de 93 vinrent s'agenouiller à côté des fils de leurs victimes, pour invoquer la reine de toutes miséricordes ; comme aussi de vieux soldats y accoururent à leur tour accomplir des vœux faits et placer des cierges promis au milieu des flots du Danube.

En 1816, le 6 août, une foule de peuple contenue par des gardes se pressait avant l'aurore autour d'un tertre de sable artificiellement formé presque à l'entrée des landes de la Croix-Bataille. Des ouvriers l'entament avec des pioches : quelques pelletées de terre sont à peine enlevées, qu'une bruyante exclamation s'échappa soudainement du sein de la foule.

En effet, les corps de quatorze prêtres, exécutés sur la place au blé de Laval, le 21 janvier 1794, venaient d'être découverts. Ils étaient entassés les uns sur les autres, non consommés par la tombe, mais blanchis et desséchés. Plusieurs d'entre eux furent reconnus : l'un est encore ceint d'un cilice, un autre tient attaché à son bras un Christ en ivoire. (1) Vieillards vénérables, au sacré caractère, tous avaient été immolés sous l'inspiration d'une sauvage barbarie, et traînés là, dans deux tombereaux, autour desquels pendaient leurs jambes et leurs vêtements ensanglantés. Depuis vingt-deux ans, six mois et seize jours, la terre les conservait presque intacts pour les rendre enfin à la vénération des chrétiens.

Malgré la vigilance et l'attitude des gardes, le peuple s'empara d'une portion de la dépouille des martyrs. Le reste fut recueilli à la hâte, et pêle-mêle, dans des draps, et transporté en plus grande hâte encore à Avénières. Nous les vîmes aborder sur la rive droite de la Mayenne, près la maison du gardien du bac. Chaque drap était tenu et porté par quatre hommes. En passant devant nous, un des porteurs montra à la multitude le bras entier de l'un des martyrs ; il avait la couleur du marbre de Carrare, et le pouce et l'index se réunissaient à

(1) Ce Christ est aujourd'hui en la possession de M. Ch. B., de Laval.

leurs extrémités comme par une réminiscence des jours où ils avaient présenté aux fidèles le pain eucharistique.

Ces fragments de corps humains mutilés, c'étaient les dépouilles de :

1° M. l'abbé René-Louis AMBROISE, prêtre habitué de la Sainte-Trinité de Laval, né en cette paroisse le 1er mars 1720 ;

2° M. l'abbé Louis GASTINEAU, prêtre-chapelain du Port-Brillet, né à Loiron le 11 novembre 1727 ;

3° M. l'abbé François MIGORET, curé de Rennes-en-Grenouille, né à Saint-Fraimbault-de-Lassay, le 28 août 1728 ;

4° M. l'abbé Julien MOULÉ, curé de Saulges, né au Mans, paroisse de la Couture, le 29 mars 1716;

5° M. l'abbé Joseph PELLÉ, prêtre habitué de la Sainte-Trinité de Laval, né en cette paroisse le 20 janvier 1720;

6° M. l'abbé Augustin-Emmanuel PHILIPPOT, curé de la Bazouge-des-Alleux, né à Paris, paroisse de Saint-Nicolas-des-Champs, le 11 juin 1716;

7° M. l'abbé Pierre THOMAS, aumônier de l'Hôtel-Dieu de Château-Gontier, né en la paroisse de Mériel-Renfray (Manche), le 3 mars 1729;

8° M. l'abbé André DULION, curé de Saint-Fort, canton de Château-Gontier, né à Saint-Laurent-des-Mortiers le 19 juillet 1727;

9° M. Jean-Marie GALOT, sous-chantre à la Sainte-Trinité et chapelain des dames Bénédictines de Laval, né en la paroisse de la Sainte-Trinité le 14 juillet 1747;

10° M. l'abbé Jean-Baptiste TRIQUERIE, religieux cordelier de la maison d'Olonne, département de la Vendée, né à Laval, paroisse de la Sainte-Trinité, le 1er juillet 1737;

11° M. l'abbé Jacques ANDRÉ, curé de Rouessé-Vassé, né à Saint-Pierre-la-Cour le 13 octobre 1743;

12° M. l'abbé Julien-François MORIN, prêtre habitué de Saint-Vénérand, né à Saint-Fraimbault-de-Prières le 14 décembre 1733;

13° M. l'abbé François DUCHESNE, chapelain de Saint-Michel de Laval, né paroisse Saint-Vénérand le 8 janvier 1736;

14° Enfin, M. l'abbé Jean TURPIN DU CORMIER, curé de la Sainte-Trinité de Laval, né en cette paroisse le 8 septembre 1722.

Tels étaient les vieillards que l'impiété révolutionnaire avait immolés sur l'échafaud en haine de la religion et de la paix publique.

Les ossements de ces martyrs furent déposés dans la chapelle de Saint-Roch du cimetière d'Avénières, en attendant l'heure de les transporter processionnellement dans l'église de Notre-Dame d'Avénières, dans le caveau qui leur était préparé et où ils sont déposés dans quatorze cercueils depuis le 9 août 1816.

PÉLERINAGES HISTORIQUES.

I.

Gnillaume Le Doyen, dans sa chronique, à la date de 1534, nous fait connaître que l'église de Notre-Dame d'Avénières était un lieu fréquenté par des pélerins même de lointains païs, et que

Des miracles illiecque faiz
Des prians et des contrefaiz.
Piecza ung tableau composé
Qui fust contre ung pilier pousé
La prouchaine d'avant Nostre-Dame
Qui nous garde de corps et d'âme.

Notre chroniqueur nous laisse ignorer l'évènement que ce tableau devait rappeler à la postérité. Il ne nous fait, non plus que Bourjolly, le récit des guérisons qui ont donné lieu à la suspension autour de l'autel de Notre-Dame, d'une quantité de béquilles abandonnées par des infirmes et des personnes malades. Ces témoignages de la reconnaissance publique ont été brûlés pendant la tourmente révolutionnaire.

Mais si, de ce côté, les documents nous font défaut, nous pouvons, d'un autre, compulser les relations écrites de quelques-uns de ces pieux voyages entrepris par des populations entières, pendant le cours de plus d'un siècle.

1725.

« En cette année, il a été fait et vu des choses qu'on n'avait jamais faites ni ouï raconter, pour appaiser la colère de Dieu, sévissant justement contre les hommes.

« De toutes parts on implorait la miséricorde du ciel.

« Le dimanche d'après la Saint-Pierre, la paroisse de Louverné est venue processionnellement, tête nue, par une pluie battante et le vent, à Notre-Dame d'Avénières. La consternation était peinte sur tous les visages; ils sont entrés, chemin faisant, dans la chapelle de Saint-Etienne.

« La paroisse d'Argentré s'est également rendue processionnellement à Notre-Dame d'Avénières.

« Dans toutes les campagnes, il était fait de semblables processions, afin d'obtenir du beau temps, car tout était désespéré.

1785.

Le 7 juin de cette année, la population de Saint-Vénérand, à la suite du clergé de cette paroisse, des religieux du couvent de Saint-Dominique et des chanoines du Cimetière-Dieu-de-Saint-Michel-de-Laval, groupés autour du *chef* de Saint-Vénérand, vinrent processionnellement assister au saint sacrifice de la messe dans le sanctuaire de Notre-Dame d'Avénières pour obtenir la cessation d'une grande sécheresse.

1832.

Au commencement de cette année, la population entière de Laval, chantant le *Miserere* avec le clergé réuni des trois paroisses de la ville, se transporta en masse à Notre-Dame d'Avénières afin d'obtenir la cessation d'un fléau terrible, le choléra.

1852.

Le dimanche 22 août, à l'issue des vêpres, le clergé des trois paroisses de Laval, se rendit processionnellement et séparément à l'église de Notre-Dame d'Avénières pour obtenir de Dieu, par l'intercession de la Sainte Vierge, la fin des pluies abondantes qui, depuis longtemps, compromettaient les récoltes et jetaient le découragement dans l'âme des agriculteurs de notre pays.

II.

PÉLERINAGE

DES ÉLÈVES DU COLLÉGE DE CHATEAU-GONTIER

A Avénières, près Laval.

Le 19 juin 1856, l'église de Notre-Dame d'Avénières fut témoin d'une de ces fêtes de familles qui enivrent de bonheur le cœur de toutes les mères, surexcitent leurs plus vives sympathies, en même temps qu'elles attirent les regards de complaisance du Très-Haut sur le point du globe où s'accomplissent de telles œuvres de piété filiale et d'amour de la part d'une génération entrant à peine encore dans la vie.

Avant l'heure fixée pour l'arrivée des élèves du collége de Château-Gontier, beaucoup de personnes de la ville se rendaient de tous côtés à Avénières. On tenait à jouir de la vue de ces jeunes enfants si pieux et si zélés et à entendre leur musique renommée depuis longtemps. L'église était déjà pleine de fidèles et la route de l'Huisserie remplie de spectateurs, que rien encore, ni le son des cloches, ni aucun roulement de voitures, n'annonçait leur approche. Ils venaient en toute hâte, cependant, malgré le vent et une pluie battante.

Soudain un coup joyeux retentit dans la tour de l'église d'Avénières, et aussitôt chacune des cloches répète, à toute volée, aux échos des rives de la Mayenne et des monts de l'Huisserie, le salut, semblable à une hymne aérienne, que donne l'antique chapelle d'Agnès de Laval à la pieuse jeunesse du collége de Château-Gontier.

Leur musique a fait silence à la porte du saint temple, et leur entrée est annoncée aux fidèles qui remplissaient l'église, par l'éclat des trompettes de l'orgue.

Beaucoup d'ecclésiastiques de la ville, pour embellir cette fête, étaient venus se réunir au clergé de Notre-Dame d'Avénières. M. l'abbé Wicart, grand-vicaire du diocèse de Laval, célébra le saint sacrifice de la messe, pendant laquelle les professeurs et des élèves du collége de Château-Gontier chantèrent de fort-beaux cantiques, œuvre musicale de M. Parisot, organiste du Grand-Saint-Jean de Château-Gontier. L'orgue expressif du chœur était tenu par cet artiste digne de la capitale.

La musique militaire des collégiens alternait avec le chant des cantiques, et on peut dire que ces jeunes élèves, parmi lesquels étaient des enfants, jouèrent leurs morceaux avec un sentiment et un ensemble, nous ne dirons pas rares, mais étonnants.

La chapelle où s'était retirée la musique du collége de Château-Gontier pour saluer de ses accents harmonieux la vierge immaculée, offrait en cet instant un spectacle touchant. A leur insçu, les jeunes collégiens s'étaient placés sur la voûte d'un sépulcre sonore. Ils formaint une couronne de jeunesse et de fraîcheur autour de quatorze cercueils renfermant les dépouilles sanglantes de quatorze prêtres martyrs de leur foi. Musique sainte et glorieuse en ce moment, qui était comme la réponse d'une génération nouvelle aux blasphêmes d'une génération passée et heureusement morte à tout jamais.

Les quatorze prêtres durent, sous la pierre de leur tombe commune, tressaillir au bruit de ces accents de la vie, précurseurs des accents tout puissants qui, un jour, les feront sortir triomphants du fond de leur muet sépulcre.

Le motif du pélerinage des jeunes gens du collége de Château-Gontier, comme beaucoup d'autres, n'avait point pour cause un effroyable châtiment. Non; ils venaient rendre grâce à Marie de tous les bienfaits dont le ciel s'est complu à couronner leurs jeunes années. Aussi est-ce avec attendrissement que l'assistance les entendit chanter en chœur ce refrain d'un cantique composé pour la cérémonie :

D'Avénières Vierge fidèle,
O daigne nous tendre la main ;
Prends-nous sous ta douce tutelle;
A tes pieds vois le pèlerin.

Ah! Notre-Dame d'Avénières sait ouvrir les cœurs de tous ceux qui savent aimer, prêtre ou homme du monde, collégien ou soldat. En cette année 1856, elle avait inspiré la verve d'un poète dans le silence de l'étude du collége de Château-Gontier, comme le 15 août 1855, elle avait inspiré celle d'un héros au milieu de la mitraille et des boulets sous les murailles de fer de Sébastopol.

Après la cérémonie, M. le curé de Notre-Dame d'Avénières emmena à son presbytère, sous une tente dressée au milieu d'une prairie, tout le personnel des professeurs et des élèves du collége de Château-Gontier. Là, en dépit du vent et de la pluie, les jeunes gens se divertirent gaiement.

A un signal donné, ces joyeux collégiens s'empressèrent de venir prendre leurs rangs accoutumés et se dirigèrent, musique en tête, avec M. Descars, leur bon et pieux principal, vers la ville épiscopale de Laval. L'hôtel de l'évêché était sur leur passage. Mgr Wicart les reçut à bras ouverts, leur adressa un discours affectueux, et demanda, avec cette bonté qui caractérise un successeur des apôtres de celui qui a dit : *Beati mites*, à les embrasser tous dans les personnes des premiers de chaque classe.

De là, la troupe heureuse d'un si bon accueil de la part du premier pasteur du diocèse, se dirigea vers la cathédrale, où elle chanta des cantiques à la gloire de la divine mère du Sauveur; puis, parcourant de nouvelles rues, elle se rendit à Notre-Dame du faubourg, où elle chanta encore les louanges de Marie; puis ensuite devant l'hôtel de la Mairie de Laval, ou leur musique recueillit les bravos encourageants qu'elle méritait. Enfin elle fit une excursion dans les magnifiques jardins de Bel-Air, puis à Saint-Vénérand, et retourna de là, par la haute ville, à Notre-Dame d'Avénières.

Après une nouvelle collation au presbytère et une sérénade donnée à M. le curé, les jeunes pélerins retournèrent à l'église pour chanter en chœur le beau cantique à Notre-Dame d'Avénières. Il était six heures et demie lorsqu'ils quittèrent, le sourire sur les lèvres, les abords de la rivière de Saint-Nicolas pour retourner dans leur paisible et douce solitude du collége de Château-Gontier.

RESTAURATION

DE L'ÉGLISE

DE NOTRE-DAME D'AVÉNIÈRES.

I.

Vers le commencement de l'année 1859, Mgr l'évêque de Laval était allé à Rome et il s'en revenait pour la fête de Pâques, les mains pleines de bénédictions pour les fidèles de son diocèse. Pendant son séjour dans la ville éternelle, il avait eu le bonheur de s'édifier à la parole du vicaire de Jésus-Christ, de l'angélique Pie IX, dont aujourd'hui l'affliction sacrée domine toutes les gloires et tous les bruits de notre siècle, et il nous apportait de sa part une bonne nouvelle, la nouvelle du *couronnement de l'image miraculeuse de Notre-Dame d'Avénières.*

Cette nouvelle propagée dans nos contrées y produisit partout l'effet d'une commotion électrique, et chacun se prépara à célébrer dignement cette fête.

Mais ce grand acte demandait que l'on restaurât convenablement l'église à l'intérieur. Les dons des fidèles, non plus que le patriotisme aussi généreux que persistant du Maire d'Avénières, ne pouvaient faire défaut en cette circonstance. Les restaurations commencèrent et furent confiées à un architecte plein de savoir, de goût et de talent.

M. le maire d'Avénières, s'inspirant des croyances du peuple, résolut, de concert avec Mgr l'évêque de Laval, du curé de la paroisse, des membres du conseil municipal, de donner pour trône à l'image miraculeuse le *chêne* traditionnel.

Les ouvriers étaient à l'œuvre et le chêne était à peine ébauché, quand tout à coup une voix s'élève et réclame, avec l'autorité d'un nom digne d'être respecté, contre l'idée de donner un corps à la croyance populaire.

M. le maire crut devoir répondre, et sa lettre fut insérée dans les deux journaux qui avaient publié une attaque aussi inattendue.

Voici cette lettre :

Avénières, 1er décembre 1859.

MONSIEUR LE RÉDACTEUR,

« Il y a quelques jours, vous avez inséré une lettre signée dom Renon, religieux de l'abbaye de Solesmes.

« J'ai regretté vivement, et beaucoup de personnes aussi, que dom Renon n'en ait pas parlé à

M. le curé ou à moi, nous lui aurions expliqué ce qui s'était passé, nos motifs et nos intentions, et bien certainement alors il se serait abstenu de lancer dans le public un doute dont les conséquences peuvent être très-fâcheuses, surtout venant d'un religieux.

« J'ai longtemps hésité à répondre à cette lettre, dans la crainte d'engager une discussion nuisible à l'œuvre de restauration de notre église, et certainement je ne l'eusse pas fait si dom Renon n'avait critiqué que la confection du chêne; mais il attaque et veut détruire la croyance populaire la plus vive, je dirai la plus fondée : la tradition, transmise de père en fils, qui a traversé les siècles et est venue jusqu'à nous, à savoir qu'un seigneur de Laval, tombé dans la Mayenne avec son cheval, allait se noyer; qu'il fit vœu de bâtir une église en l'honneur de la Sainte-Vierge s'il parvenait à se retirer de la rivière; aussitôt il aborda dans un champ d'avoine, au pied d'un chêne sur lequel il aperçut une statue de la Sainte Vierge; qu'il fit bâtir une église, et que quand on voulut poser la statuette au lieu qui lui était destiné, elle n'y resta pas, mais retourna sur son chêne, et cela trois jours de suite. Alors on eut l'idée de couper le chêne et de placer, pour servir de niche, la partie où déjà elle était posée antérieurement et où elle resta désormais.

« Telle est la tradition orale, vivace, qui a survécu et survivra. Enfant de la commune, j'ai reçu cette histoire de mes parents, les familles *du pays tout entier* l'ont transmise à leurs héritiers, et de nos jours elle se transmet encore.

« Nos modernes chroniqueurs la connaissent; quelques-uns, MM. P. M. et E. B. se contentent de dire que plusieurs légendes existent, sans les faire connaître; de ce nombre sans doute est celle que nous signalons.

« Quand il fut question de restaurer l'église pour la grande et belle cérémonie du couronnement, ce qui préoccupa le plus, non-seulement la population, mais encore ceux qui naturellement avaient mission de s'en occuper, ce fut de choisir l'endroit où devait être placée la statue de la Sainte Vierge. La question nous parut si grave, à M. le curé et à moi, que nous ne voulûmes rien faire sans avis et conseils, et, comme j'ai eu l'honneur de vous le dire dans une précédente lettre, l'emplacement fut désigné par Sa Grandeur, Mgr de Laval, qui lui-même demanda l'avis de MM. les vicaires généraux et des autres personnes qui avaient l'honneur d'être présentes, et cela après long et mûr examen des propositions et projets divers.

« Cet endroit fut choisi, parce que déjà la statuette s'y trouvait placée dans le rétable du grand autel. Enfin, l'idée de donner pour niche à la madône le chêne traditionnel sembla très-heureuse, et satisfit pleinement aux désirs de la population Cependant, avant de l'exécuter, un modèle fut fait sur un huitième de sa grandeur, et ce n'est qu'après avoir ainsi pris toutes les précautions possibles que l'œuvre commença, etc.

. . . .

« Je répéterai donc, en terminant, que la pensée qui a tout dirigé dans cette circonstance, a été de rendre à la tradition son emblême, de placer ainsi la statue miraculeuse dans l'endroit le plus apparent du sanctuaire qui lui est consacré, voulant avant tout honorer Celle que nous sommes heureux d'appeler notre bonne Mère; et j'ai confiance que la *population entière* sera joyeuse quand elle verra ce que nous aurons fait pour la glorification de la Vierge immaculée.

« Recevez, etc.

« Signé : J. CHAMARET,

« *Maire d'Avénières.* »

Cette lettre est restée sans réponse. La personne dans l'écrit de laquelle on avait puisé l'idée d'une controverse, ne parut pas visiblement prendre part à l'attaque contre l'emblême de la croyance populaire.

Mais, afin que l'on sache bien le degré de confiance qui doit être accordé aux récits émanés d'une plume anonyme, nous allons donner quelques extraits de l'écrit auquel la magnifique publication de *La Mayenne illustrée*, par le baron de Wisme, a donné du relief.

S'il faut en croire l'anonyme, l'histoire de Notre-Dame d'Avénières est à refaire depuis le commencement jusqu'à la fin. D'abord, il fait remonter l'origine et la fondation de l'église d'Avénières à des temps bien antérieurs à ceux indiqués dans nos chroniques locales. Sur quoi se fonde-t-il? Sur des chartes, dit-il, du cartulaire de Marmoutiers, dont il ne fait pas connaître la date.

Ensuite, ce n'est pas à un seigneur de Laval qu'il fait honneur de cette fondation, mais bien à un seigneur de Saint-Berthevin, lequel « fit solennellement donation à Dieu et à la Sainte Vierge, sa mère, et à ses servantes, de l'abbaye de Notre-Dame de la Charité d'Angers, de l'église et du presbytère d'Avénières, à la charge d'y entretenir un nombre de religieuses proportionnel aux revenus. (1) La même donation leur *conférait le droit d'acquérir* à titre gratuit ou onéreux, au profit de

(1) Hamon (fils de Guy II) était seigneur de Laval au moment où cette donation fut faite. — (*Note de l'anonyme*).

l'église, dans *toute l'étendue des terres du seigneur de Laval*, et de former un bourg dans les terres environnantes. »

La copie de la donation dont il est ici question est sans doute entre les mains de l'anonyme. Pourquoi ne nous donne-t-il pas la date de cet acte, et ne nous fait-il pas connaître les noms des témoins et des personnes qui y ont apposé leurs signatures. Cependant un acte de cette importance a dû nécessairement être rédigé avec une sorte de solennité. On y doit surtout trouver l'explication de cette autorité sans pareille, au nom de laquelle le seigneur de Saint-Berthevin, *vassal* du seigneur de Laval, s'attribue le pouvoir de conférer le droit d'acquérir sur les terres de son *suzerain*. La raison en est peut-être très-simple : c'èst que, où le seigneur de Laval était présent, ou le seigneur de Saint-Berthevin n'agissait que d'après l'autorisation du premier, et, dans l'un ou l'autre des deux cas, on voit apparaître malgré soi la grande figure de Guy II, qui se détache du fond des ombres que l'on veut faire autour d'elle.

A quoi bon d'ailleurs obscurcir une question sur laquelle Perrette de Monbron a jeté une vive lumière quand elle a dit :

« Guy, seigneur de Laval-Guyon, premier fondeur (fondateur) dudit prieuré, ordonna et fist faire une église pareille au plus près qu'il peut de celle de Nostre-Dame d'Angers; et, pour ce faire, reprint le champ que paravant il avoit baillé en partaige à sa sœur, mariée au seigneur de Saint-Berthevin; lequel seigneur, pour augmentation dudict lieu, par après donna, du consentement de sa femme, sa *tierce partie dudict lieu.* »

Cette déclaration de Perrette est parfaitement conforme à la charte de fondation du prieuré, expliquée par Charles Marest; il ne faut pas un grand effort d'intelligence pour comprendre que son récit est le résumé de la fameuse donation dont parle l'anonyme.

Qui en peut douter? Perrette de Monbron était parfaitement éclairée sur tous ses droits. Comment se fait-il alors qu'elle ne songe nullement à faire usage, pour sa défense contre les prétentions, — d'abord du seigneur de Laval, et ensuite des habitants d'Avénières, — de l'acte de fondation du prieuré par un seigneur de Saint-Berthevin?

Et, chose étrange! tout en n'accédant pas aux désirs de Guy XV, elle avoue et reconnaît toutefois, d'après les titres originaux, que le seigneur de Laval est le successeur du fondateur réel du prieuré de Notre-Dame d'Avénières, et son aveu confirme le contenu de la charte du cartulaire du Ronceray, de 1040, rapporté par Charles Marest.

Cependant, sans s'inquiéter en aucune façon s'il est en désaccord avec tous nos chroniqueurs anciens et modernes, touchant l'origine et la fondation de l'église et du prieuré de Notre-Dame d'Avénières, l'anonyme continue et dit : « Vers le milieu du XIIe siècle, un personnage éleva l'étrange prétention de fonder une basilique nouvelle dans le voisinage immédiat de l'ancienne église ; l'initiale du nom de ce personnage est un G. ; les dernières lettres semblent être *dumetus.* N'est-il pas naturel d'y lire *Guidonnetus* (Guionnet), nom donné par nos chroniques aux seigneurs de Laval ? »

« Cette conjecture si vraisemblable, ajoute l'anonyme, attribuerait donc à Guy V, alors seigneur de Laval, (1145-1196) l'érection de cette nouvelle basilique. Quel a été son mobile en cette circonstance? il n'a pu avoir seulement pour but de nuire au prieuré, et de confisquer à son profit une partie des revenus ecclésiastiques; c'eût été à la fois un mauvais calcul et un acte d'agression inexplicable. »

Ce qui est plus inexplicable encore, à notre avis, c'est sans contredit la prétention de vouloir ainsi écrire l'histoire au moyen de *conjectures* soi-disant *vraisemblables.* Guy V, que l'on veut forcément faire considérer comme un chrétien dévoué à Marie, jusqu'au point qu'il aurait édifié sans motif une basilique à côté de l'ancienne église d'Avénières, n'est autre que ce fameux seigneur de Laval qui persécuta tous les religieux, et leur ravit les biens qu'ils possédaient, ce qui attira sur sa tête une sentence d'excommunication de la part du pape Eugène III, laquelle fut publiée en 1150 par Guillaume de Passavant, évêque du Mans, qui mit en interdit la terre de Laval.

Or, l'histoire des sires de Laval ne fait mention que d'*un seul* seigneur qui ait porté le nom de *Guionnet*, c'est le petit fils de Guy V, dernier descendant, dans la ligne masculine, des fondateurs de la ville de Laval, lequel, à peine âgé de douze ans, laissait, en 1211, pour unique héritière de la maison de Laval, sa sœur Emma, mariée un peu plus tard à Mathieu de Montmorency.

Et c'est là, suivant l'anonyme, le seigneur qui a dû tomber avec son cheval dans la Mayenne ! Conjecture erronée, sans aucune base sérieuse, mais qui pousse néanmoins son auteur à formuler cette singulière conclusion : « La légende de Notre-Dame d'Avénières est d'une date plus récente que celle qui lui a été toujours attribuée, et son héros, au lieu d'être Guy II, est un de ses descendants, Guy V. »

Guy V, le spoliateur et l'excommunié ! Nous le demandons : en matière d'histoire, une assertion aussi légère et purement conjecturale, peut-elle mériter l'attention des hommes sérieux.

En commençant ce chapitre, qui devait être consacré tout entier à la description des travaux de restauration de Notre-Dame d'Avénières, nous ne nous attendions pas à être obligés de combattre dans ce livre, à propos d'une légende si connue et si chère à notre pays, un écrit anonyme, qui a la prétention, ce nous semble, d'en dire plus qu'il n'est gros. Nous nous sommes éloignés de notre sujet; mais nous n'avons pu voir, froidement, lacérer avec aussi peu de scrupule une des pages les plus belles et les plus poétiques de nos chroniques locales, et insulter, pour ainsi dire, aux croyances populaires. Justice faite, nous abandonnons à sa solitude le champion qui a isolé sa tente de tous les camps, et nous revenons à notre description (1).

Le plan conçu, et qui a été mis à exécution, a fait disparaître les autels dressés dans les chapelles du déambulatoire et ceux adossés aux piliers de la nef. Ces derniers, notamment, avaient été élevés depuis le XVe siècle par les libéralités de personnes pieuses, et les images des saints qui y étaient placés rappelaient les prestimonies et chapellenies de saint Maur, à la présentation du seigneur du Bois-Gamats; — de saint Jacques du Bourg-Hersent et de la Madeleine-du-Roc, à la présentation de

(1) L'écrit que nous signalons ici renferme du reste une belle et savante description de l'église d'Avénières.

l'évêque du Mans ; — de saint Laurent, fondée par Marie Le Pannetier, et de saint Jacques des Landes, à la présentation du curé de Nuillé-sur-Vicoin ; — de saint Bonaventure, dont la statue était en une niche pratiquée dans le pilier de droite, à l'entrée du chœur, à la présentation des administrateurs de l'Hôtel-Dieu de Laval ; — de saint Jacques, à la présentation de la famille de la Riballière ; — de saint Hervé, fondée par Pierre Pequet, curé d'Avénières en 1663 ; — de saint Nicolas, à la présentation des marguilliers de la Sainte-Trinité de Laval ; — de la Froière ou saint Michel, à la présentation des administrateurs de l'hôpital Saint-Julien de Laval ; — de saint Michel, dont la statue tient un antique bouclier, aux armes du fondateur ; — de la Fournerie, à la présentation de M. Foucault de Vauguyon, propriétaire à la Perrine ; — de la Louisière, fondée par Jean Bigot, prêtre, et desservie à l'autel de saint Sébastien, etc.

La disparition de ces autels a complètement transformé l'aspect intérieur de l'église. Cependant nous devons sincèrement applaudir à la conservation de l'autel et de l'image de sainte Anne et de l'Ange gardien, et aussi de la statue colossale de saint Christophe qui, depuis 1583, a vu bien des petits enfants sourire au petit enfant Jésus qu'il porte sur ses épaules.

Cette statue, ainsi qu'en faisait la remarque un artiste de la capitale, est la seule peut-être qui existe aujourd'hui en France. Elle rappelle celle du même saint qui était adossée au gros pilier de la tour, à droite, de l'église de Notre-Dame de Paris, laquelle avait vingt-huit pieds de hauteur et avait été érigée en 1413, pour accomplir un vœu fait par Antoine des Essarts, chambellan du roi Charles VI.

L'autel de la Sainte Vierge, adossé au premier pilier de la nef, à gauche, en face de l'autel de saint Sébastien, a également disparu. Il avançait autrefois dans la nef de manière à empêcher les fidèles de toute une partie de l'église de voir au chœur. Ce fut à la demande des paroissiens que M. Pouteau, curé de Notre-Dame d'Avénières, l'établit, au mois de février 1708, à la place où on le voyait. (1) Nous ne saurions affirmer si cet autel

(1) On se demande pourquoi cet autel occupait un tel emplacement. Perrette de Monbron ne nous en fait-elle point connaître le motif quand elle dit que le chapelain de la prieure venait célébrer *en bas* la messe devant elle ; c'est-à-dire à un autel proche le chœur des religieuses qui « *était entre six piliers, au melieu de l'église*, en quoy elles avaient leurs clostures. » — Ces six piliers sont ceux auxquels étaient adossés les autels de la Sainte Vierge et de saint Sébastien, les deux suivants, et ceux auxquels étaient adossés les autels de saint Jacques, saint Maurice, saint Denis et saint Main.

était l'autel de la confrérie de Notre-Dame d'Avénières, érigée d'après une bulle du pape Urbain VIII « l'an de l'incarnation de Nostre-Seigneur mil six cent trente et trois, aux kalendes de juillet, » et promulguée sous ce titre :

« PARDONS ET INDULGENCES,
PLENIÈRE REMISSION, OCTROYEZ
PAR NOSTRE SAINCT PÈRE LE PAPE
URBAIN VIII, AUX CONFRÈRES DE LA CONFRAIRIE DE
NOSTRE-DAME, EN L'ÉGLISE PAROCHIALE DE NOSTRE-DAME
D'AVÉNIÈRES PRÈS LA VILLE DE LAVAL, AU
DIOCÈSE DU MANS. »

Cette bulle fut une première fois publiée par Charles de Beaumanoir de Lavardin, évêque du Mans, le 21 mars 1634, et une seconde fois, sur la remontrance du curé et des habitants de la paroisse, par ordre de Philbert-Emmanuel de Beaumanoir de Lavardin, évêque du Mans, le 18 juillet 1669.

En érigeant cette confrérie, le pape Urbain VIII manifeste un affectueux intérêt pour les membres qui en doivent faire partie.

« Nous (lit-on dans la bulle), désirant que ladite confrerie reçoive de grands accroissements, à tous et chacuns des fidèles chrestiens de l'un et de l'autre sexe qui, vrayement pénitent et confessés, entreront cy-après, et si lors de leur première entrée en icelle ils reçoivent le

Très-Saint-Sacrement de l'Eucharistie, DONNONS ET OCTROYONS plenière indulgence et remission de tous leurs péchez. »

A ces grâces, la bulle en ajoutait d'autres en faveur des confrères. « Qui officieusement visiteront les malades, qui se trouveront à la sépulture des morts, qui accompagneront le Sainct-Sacrement de l'Eucharistie lorsqu'il sera porté aux malades, ou, estant empeschez, oyant le son de la cloche, les genoux en terre réciteront l'Oraison Dominicale et la Salutation Angélique pour le même malade, et qui ramèneront quelque devoyé au chemin du salut, etc. »

Nous ne craignons pas de l'avancer, bien des personnes verraient avec bonheur le rétablissement de cette confrérie spéciale à notre pays.

II.

Débarrassée de toutes les superfétations architecturales dont elle était remplie, l'église d'Avénières nous apparaît aujourd'hui resplendissante de l'éclat de sa primitive beauté; elle s'est revêtue de la gloire qu'elle étalait au temps où les compagnons d'armes de Godefroy de Bouillon et de saint Louis, après avoir répandu leur sang sur la terre des Josué, le long de la voie arrosée du sang et des sueurs de l'Homme-Dieu, venaient s'agenouiller devant l'autel de Notre-Dame pour lui rendre grâce de leur retour en leur patrie.

Les chapelles du déambulatoire, éclairées par de vieilles fenêtres romanes, depuis peu rendues à leur destination, font naître dans l'âme un recueillement semblable à celui qu'inspire l'aspect d'un vestibule de catacombes, à la voûte bleu d'outre-mer, parsemée d'étoiles d'argent.

Sur ce fond religieusement obscur se détachent les sept arcades ogivales du chœur, appuyées sur des piliers-colonnes dont les chapiteaux sont enrichis d'ornementations fantastiques et symboliques. Au-dessus de ces arcades règne un *triforium* à douze arcatures plein ceintre, et surmonté de sept fenêtres à plein ceintre, décorées de jolies colonnettes.

C'est au-dessus de l'arcade centrale du chœur que trône, comme en un sanctuaire champêtre, pratiqué dans le creux d'un vieux chêne, l'image miraculeuse de Notre-Dame d'Avénières, entourée d'une couronne de cœurs.

Depuis la fin du seizième siècle, la statue de la Très-Sainte Vierge occupait dans le même endroit une niche figurée par un petit baldaquin en plâtre. Etait-il convenable de rétablir cette superfétation architecturale, ou devait-on en inventer une autre de même genre? La question était difficile à résoudre pour satisfaire le goût de chacun. Aussi, après de nombreuses conférences entre les hommes de l'art, l'autorité civile, l'autorité ecclésiastique et une foule de personnes pieuses et dévouées à la gloire du culte de Marie, fut-il arrêté d'un commun accord que, par respect pour le peuple, on symboliserait la tradition orale concernant le chêne.

Rien n'était plus convenable : car c'était pour obéir aux inspirations d'un patriotisme bien compris et pour rendre hommage au *vox populi*, *vox Dei*, que les restaurateurs du sanctuaire de Notre-Dame s'inclinaient devant la croyance populaire, en donnant pour piédestal à la vierge miraculeuse un chêne ou plutôt une vieille *émousse*, couronnée de quelques rameaux au feuillage reflétant la teinte dorée des arbres à la fin de l'automne.

L'idée de représenter, au moyen d'un objet matériel, une tradition universelle, n'est point une invention moderne ; et si l'objet dont nous parlons a subi et doit encore subir le choc des boutades de quelques critiques, il est facile de s'en consoler, en songeant que la foi catholique et la philosophie de l'histoire se plaisent à accorder leur attention particulière aux traditions constantes et séculaires de tout un peuple ; traditions que le ciel confie à son éternel souvenir pour qu'elles soient transmises jusque dans les âges les plus reculés. C'est une vérité de fait, et cette vérité vient de recevoir une nouvelle consécration dans la bénédiction épiscopale dont le chêne a été l'objet le jour du glorieux couronnement de Notre-Dame d'Avénières. Magnifique témoignage rendu, au nom de la religion et de la raison publique, en faveur de la fidélité et du dévouement aux traditions religieuses.

III.

Les incendies et les scènes de carnage dont se rendirent coupables en notre pays les soudards de Jean d'Angleterre et les flibustiers qui ravagèrent la France sous le règne de Charles VII, nous donnent l'explication de la discordance qui existe entre les style de diverses époques que l'on rencontre dans le sanctuaire de Notre-Dame d'Avénières. La restauration de cet édifice devait nécessairement, et autant que possible, ramener tout à l'unité, et c'est dans ce but que l'exécution du maître-autel a été confiée à l'habile ciseau de M. Cosnard, du Mans.

Cet autel, étudié d'après les traditions du XIIe siècle, est resplendissant de toutes les richesses sculpturales dont cette époque a été si prodigue; il est aussi remarquable par l'ensemble et les détails de la composition que par son harmonie avec le type dominant de l'église.

Flanquée de deux colonnes angulaires légèrement engagées et vigoureusement pénétrées de détails alvéolaires du plus merveilleux effet, la face principale de l'autel se compose d'une série d'arcatures qui retombent sur des colonnes dont les chapiteaux et les fûts sont variés avec autant d'élégance que de convenance parfaite.

Ces arcatures au nombre de cinq vigoureusement accusées et tapissées de dessins mosaïques, servent en même temps de niches et de repoussoirs à cinq statuettes remarquables par la naïveté de leur pose et la modération traditionnelle du fini.

Le Christ assis sur un fauteuil occupe l'arcade centrale; à sa droite se trouve Abel le juste, puis le pontife Aaron; à sa gauche sont placés Abraham et Melchisedech.

L'intervalle entre les archivoltes des arcatures et la tablette est rempli par des médaillons accompagnés de palmettes qui se développent sous forme d'élégants rinceaux et se nichent dans les plus petits recoins. La tablette de l'autel chanfreinée est décorée de fleurs crucifères et de palmettes légèrement accusées, mais d'un goût irréprochable.

A droite et à gauche de la face principale, entre les colonnes angulaires et le ressaut du tombeau, on remarque un ange portant un encensoir.

Chacune de ces statuettes, placée sous une arcature ornementée comme celles qui précèdent, est peut-être de tout l'ensemble de l'autel l'objet le plus frappant comme effet. Malheureusement, les conditions d'éclairage ne permettent pas d'en bien saisir tous les détails; mais, sous l'aspect diagonal, elles prêtent à la face principale un charme inexprimable et qui n'est pas amoindri par la pénombre des retours.

Pour donner à l'autel l'étendue en longueur nécessaire au tabernacle et aux gradins pour la pose des chandeliers (dont la fabrique était déjà propriétaire avant sa construction), on a dû donner à ces gradins une étendue en longueur plus considérable que celle de l'autel lui-même et créer des ressauts. Sur les faces latérales de leur soubassement ont été sculptés, à droite, la table de consécration, à gauche, le chandelier à sept branches. Ces sculptures emblématiques sont encadrées de chanfreins ornementés, de frises à dessins variés et couronnées par des ressauts proportionnels de la table, enrichis de mêmes détails.

Sur sa face postérieure, l'autel représente trois avant-corps et cinq arcatures d'une décoration modérée, mais d'un cachet non moins remarquable.

Les gradins admirablement fouillés et enrichis des plus charmants détails pénètrent sous l'arcature géminée du tabernacle qui, de ce côté, se termine en pendentifs.

Le tabernacle est flanqué de quatre colonnes qui supportent une exposition surmontée d'un dôme couronné d'une croix. Les détails de ces dernières parties sont tellement variés et multipliés qu'il est impossible de les décrire sans dépasser les limites d'une sage modération ; il suffit de dire que toutes les ressources du style ont été prodiguées pour leur exécution.

Enfin, à droite et à gauche de l'autel, sur un socle qui prolonge le soubassement de la face postérieure, on a placé une crédence pédiculée à arcatures polygonales qui contribue singulièrement à l'harmonie de l'autel.

En résumé, cet autel est un chef-d'œuvre de style et de perfection dans son exécution (1).

---

(1) M. Cosnard, qui a exécuté cet autel sur le plan donné par M. Renous, achitecte en notre ville, est un artiste d'un incontestable talent ; il possède de plus une qualité assez rare : c'est de tenir plus qu'il ne promet.

PROMULGATION DU DOGME

DE

L'IMMACULÉE CONCEPTION

ET CONSÉCRATION

DU DIOCÈSE DE LAVAL

A LA TRÈS-SAINTE VIERGE,

DANS L'ÉGLISE DE NOTRE-DAME D'AVÉNIÈRES

Le Dimanche 9 Décembre 1855.

La religieuse population de notre ville, dans tous les temps, a célébré la fête de l'Immaculée Conception avec une prédilection de cœur toute particulière. Avant comme après la révolution, dans presque toutes les familles, on a attaché une sorte de bonheur domestique à prouver que l'on conserve précieusement la foi, reçue de nos aïeux, en la Conception immaculée de la Mère du Sauveur des hommes. Cette croyance, parmi nous, tenait de la force du dogme : *Vox populi*, *vox Dei*. C'était, de génération en génération, comme le perpétuel et vivant écho de cette strophe d'une hymne à la Vierge :

Ut unda, vitro purior,
Vultum fidelis exhibet :
Sic mente sinceram Dei,
Virgo, refers imaginem.

(Comme l'onde, plus pure que le cristal, reproduit fidèlement les traits du visage, de même, Vierge sans tache, votre âme retrace au naturel l'image de Dieu).

Les familles qui célébrèrent pour la première fois cette fête, en 1854, par des illuminations, n'avaient fait que céder à une allégresse anticipée dans l'attente du décret annonçant au monde l'œuvre accomplie par le Souverain Pontife Pie IX, au sein d'un nombreux consistoire épiscopal.

Mais à peine la bulle *ineffabilis* était-elle promulguée que l'église du Mans se couvrait d'un voile de deuil. Son premier pasteur, qui, malgré l'état d'une santé trop compromise, avait voulu participer au bonheur de proclamer la gloire de Marie, ce pasteur vénérable et vénéré rendait le dernier soupir à Rome, sous les regards de la chrétienté attentive et édifiée.

Nous ne saurions en douter, la dernière prière de Mgr Bouvier s'est élevée vers le ciel en faveur du diocèse du Mans. Dieu a écouté le pieux apôtre, et, pour le récompenser de ses vertus, a établi, pour me servir d'une magnifique expression de Mgr de Laval, « la réunion, dans un bercail à part, d'une portion suffisamment considérable du troupeau universel, une région de plus dans la grande cité de Dieu sur la terre, une barque et un pilote de plus sur le grand océan du monde catholique, barque lancée au nom du Seigneur par la main de Pierre. »

Cette *barque*, dont il est ici question, qu'est-il besoin de le dire, c'est le diocèse de Laval, aux destinées duquel Mgr Wicart est chargé de présider.

La réception faite par les habitants de Laval à leur premier évêque a été digne et réjouira le cœur du représentant de Jésus-Christ sur la terre.

Mais, ô pronostic heureux pour la gloire de l'église de Laval, le premier acte de son premier apôtre, après la prise de possession de son siége, c'est la promulgation du dogme de l'Immaculée Conception de la Mère de Dieu.

Nous ne pouvons, à notre grand regret, faire connaître ici le beau *Mandement de Mgr l'Evêque de Laval, à l'occasion de la définition dogmatique de l'Immaculée Conception de la Très-Sainte Vierge Mère de Dieu*, que par le court extrait qui suit :

PRIÈRE ET CONSÉCRATION.

« O Marie ! encore une fois, nous le croyons, nous le pensons, nous ne cesserons et de le penser et de le proclamer ; ô Marie, nous faisons plus ; nous voici tous à vos pieds, pasteur et troupeau, prêtres et fidèles, fervents et tièdes, tous les âges, tous les états, toutes les conditions. Car devant vous, ô Marie, et à votre seul nom, l'espérance de toutes parts se réveille et tout se ranime. A ce doux nom, l'enfant sourit, la jeune fille prie avec plus d'abandon, la mère se sent fortifiée, le pécheur se relève, l'affligé se console, l'âme assaillie de tentations résiste avec plus de courage, le chrétien, quel qu'il soit, navigateur sur cette mer du monde, regarde l'étoile qui luit au ciel, et se dirige vers le port à travers les écueils avec plus de sécurité. Eclairez-nous donc tous, et guidez-nous toujours ! O Marie ! vous êtes toute pure, et nous avons été, nous, conçus dans l'iniquité ; et, quoique régénérés dans le sang de votre divin Fils, nous nous sentons toujours prêts à nous replonger dans le mal. Ah ! soutenez-nous, ne nous laissez pas retomber. Que votre bras maternel et puissant soit notre appui contre tous les genres d'ennemis et contre notre propre faiblesse, qui est de tous nos dangers le plus grand.

« O Marie ! vous voyez à vos pieds un pasteur, un évêque qui sent profondément ses misères et son insuffisance ; entendez-le, exaucez-le. Il ne demande rien pour lui-même, rien du moins pour lui seul, mais tout ce qui est bon, tout ce qui est utile, principalement ce qui est nécessaire, dans l'ordre de la vie présente et surtout de la vie à venir, pour ses frères et pour toute cette grande famille spirituelle dont il est devenu le chef, et dont le bonheur, ainsi que le salut, est désormais inséparable du sien. O Vierge et Mère Immaculée, il vous présente et consacre de nouveau sa personne, son diocèse, tous ses diocésains, tous leurs intérêts, tous leurs besoins, ce qu'ils sont et ce qu'ils doivent être. Vierge et Mère Immaculée, mère de grâce et de miséricorde, recevez-nous tous, conduisez-nous tous à Jésus votre divin Fils, afin que, par la pratique des vertus qu'il commande, nous puissions tous parvenir, sans qu'il en manque un seul, à la félicité infinie à laquelle, par les mérites de J.-C., nous sommes tous appelés ! »

Ces paroles de notre premier évêque furent entendues et accueillies avec le respect et l'enthousiasme des cœurs qui aiment et vénèrent leur mère. De toutes parts, à Laval, on s'apprêta donc à célébrer pompeusement la fête qui allait avoir lieu pour la proclamation du dogme de l'Immaculée Conception.

Le dimanche 9 décembre, Mgr l'évêque de Laval officia pontificalement à la grand'messe et présida aux vêpres dans la cathédrale remplie de fidèles.

A la fin des vêpres, le clergé des trois paroisses, réuni dans la cathédrale, se rendit processionnellement, avec Mgr l'évêque, à Notre-Dame d'Avénières. Le cortége était nombreux. En tête marchaient les membres de la Société de *la Tempérance* précédés de leur guidon, suivis d'une députation des enfants des écoles chrétiennes, leurs oriflammes à la main; au centre les tambours de la garde nationale; puis, le corps de musique de la ville proclamant, par des morceaux appropriés à la circonstance, la gloire de l'immaculée Vierge, dont l'image était portée par quatre prêtres en aubes et en étoles. MM. les membres de la Société de Saint-Vincent-de-Paul fermaient le cortége à la suite de Monseigneur.

Malgré la rigueur de la saison, un concours immense de peuple se pressait sur le passage de la procession. Partout des transparents, des inscriptions, des branches de feuillage, des guirlandes, des fleurs et des banderolles aux mille devises pieuses décoraient les façades des maisons.

Sur la place de Hercé, le long des promenades, Mgr de Laval, au chant des litanies de la Sainte Vierge, put bénir les enfants de plusieurs écoles et notamment l'intéressant groupe des sourds et muets des deux sexes de l'hospice Saint-Louis. Un peu plus loin se tenaient, rangées avec un respectueux maintien à la porte de leur établissement, les jeunes orphelines qui espéraient voir entrer la procession dans leur chapelle décorée à l'intérieur et à l'extérieur à cette intention.

Le long du chemin d'Avénières, une série d'oriflammes et de lanternes vénitiennes, portant le chiffre de Marie ou des devises en son honneur, conduisaient jusqu'à l'entrée du bourg. Devant la porte de la communauté du Sacré-Cœur, une colonne surmontée de la statue de la Sainte Vierge, s'élevait entre deux obélisques étincelants de lumières de diverses couleurs, tandis que les jeunes demoiselles de ce pensionnat, placées sur une estrade contre le mur de l'enclos, saluaient, un drapeau à la main, sur lequel brillait le chiffre de Marie, l'Image de la Sainte Vierge et recevaient en même temps la bénédiction de l'Évêque de Laval.

La procession atteint le bourg d'Avénières, dont les maisons sont ornées à l'instar de celles de la ville. De distance en distance, des mâts élancés livrent au vent des banderolles aux couleurs de Marie. Le cortége a franchi la porte triomphale élevée devant le parvis de l'église, et Mgr l'Évêque de Laval, laissant derrière lui une suite composée de plus de dix mille personnes, est reçu à l'entrée de la chapelle de Notre-Dame d'Avénières par M. le Curé de la paroisse et M. Chamaret, nouveau maire de cette commune. On se rappelle que M. Chamaret, en qualité de président de la Société de l'Industrie, a présenté, à la tête de la députation de la Mayenne, à Napoléon III, la demande qui lui était adressée par cette Société pour obtenir l'érection d'un évêché en notre ville.

Traversant une foule compacte, l'Évêque, accompagné de M. le Curé et de M. le Maire, bénit, au bas des degrés du chœur, le Conseil Municipal de la commune et s'avance au pied du maître-autel en tenant sans cesse ses regards attachés sur la Statue miraculeuse.

Le sanctuaire était garni de feuillages et splendidement illuminé. Sur l'autel ondulaient des guirlandes de lumières; au haut de la corniche étincelaient, devant la Vierge, des flambeaux groupés en forme d'étoiles ; le cintre des arcades du sommet du chœur formait une sorte d'aurore boréale, au centre de laquelle apparaissait une étoile éblouissante.

Mais qui pourrait dire ce qui se passa dans le cœur de chacun lorsque Mgr l'Évêque de Laval, la mitre déposée et à genoux dans la chaire, prononça la belle prière qui précède, et voua de nouveau, d'une voix émue, son diocèse et particulièrement les paroisses de Laval et d'Avénières, à Marie Vierge Immaculée, en les plaçant sous l'égide de sa divine protection? L'assemblée entière se prosterna et ratifia en secret les paroles du religieux Prélat.

Descendu de chaire, Mgr Wicart bénit la foule, puis la procession reprit sa marche vers la ville.

Le temps était neigeux et la nuit commençait à étendre ses ombres, Des centaines de lumières s'allumèrent à toutes les fenêtres et au sein des feuillages qui voilaient la façade des maisons. On arriva ainsi à la Sainte-Trinité qui était déjà remplie de fidèles.

La nef semblait nager dans un océan de lumières du milieu duquel se détachait l'autel de la Sainte-Vierge dont les colonnes étaient sillonnées de perles de feux, et la Statue couronnée d'une magnifique auréole lumineuse.

Monseigneur de Laval termina cette cérémonie par la bénédiction du Saint-Sacrement.

La France entière a connu par la presse les magnificences déployées, en 1854, par les villes de Marseille, de Lyon, de Bordeaux, de Nantes, etc., pour célébrer la fête de l'Immaculée Conception de Marie, Nous ne prétendons certes pas que Laval a, dimanche dernier, surpassé ces grandes cités dans les manifestations de son amour envers la Mère du Sauveur, mais elle les a du moins égalées.

Laval, en effet, était en quelque sorte drapée d'oriflammes, de festons bleus et blancs, de guirlandes parsemées de fleurs, et d'une profusion de lumières qui l'embrasaient. Elle semblait porter écrit sur son front le serment de l'ancienne Université de Paris. Partout aux transparents représentant la Vierge Immaculée succédaient les chiffres de Marie, aux chiffres les devises, aux devises les hymnes, aux hymnes les textes de l'Écriture sainte : *Tota pulchra es. — Monstra te esse matrem.*

Ici, à la place d'un portail, était simulée une grotte au fond de laquelle apparaissait la statue de la Vierge au milieu d'un encadrement de verdure, de fleurs et de lumières.

Là, un autel élevé sur un balcon montrait la Vierge au milieu d'un bosquet de lis, autour duquel des inscriptions artistement composées publiaient sa gloire.

Plus loin, c'était sur le sommet d'un toit que se traduisaient, en dessins lumineux, les hommages rendus à l'Immaculée Vierge.

Ailleurs, les maisons d'une rue étaient reliées d'un bord à l'autre par une draperie de lanternes vénitiennes imitant un *collier* dont le joyau était un émail transparent avec devise en l'honneur de Marie.

Ailleurs une brillante étoile, portant à son centre une statuette de la Vierge, était suspendue sur la voie publique.

A mille fenêtres, enfin, ce sont de petits autels élevés à la gloire de la Très-Sainte Vierge. Chacun, riche ou pauvre, rivalise d'ardeur. A côté des décorations et des illuminations luxueuses se montre la nappe blanche avec le chiffre de Marie en papier, et la modeste lampe brûlant devant la petite statuette de la Vierge placée au milieu d'un myrthe ou d'une touffe de feuillage.

Si, en cette occasion, il nous fallait rendre justice à qui elle appartient, nous devrions certainement entrer dans des détails qui nous conduiraient trop loin. Cependant nous devons faire ici une mention particulière d'abord de l'Évêché, dont toutes les fenêtres étaient brillamment illuminées, le portail surmonté d'une étoile de feux de diverses couleurs entre deux obélisques étagés de verres lumineux, derrière lesquels apparaissait l'image transparante de la Vierge au-dessus de cette inscription ; *Maria sine labe concepta*; puis de l'hôtel de la Mairie de Laval, dont les colonnes du rez-de-chaussée étaient sillonnées de torsades en feux de couleur, et l'étage supérieur décoré de trois transparents représentant, l'un les armes de Pie IX, l'autre celles de Napoléon III, et le troisième l'image de la Mère de Dieu avec ces paroles : *Marie a été conçue sans péché*. Des mains de *la Consolatrice des affligés* s'échappaient des rayons particulièrement destinés à cette partie du globe terrestre, où les regards rencontraient écrit le noble et religieux nom de FRANCE.

Outre ces hôtels, les établissements particuliers, les pensionnats des sœurs d'Evron, des Dames du Sacré-Cœur et de Haute-Follis, les églises de Laval et d'Avénières présentaient le plus magnifique spectacle.

La façade de la Cathédrale, du côté de la place Hardy, était ceinte d'un ruban de feu formant cette inscription : *A Marie gloire et amour.* D'immenses oriflammes pendaient du haut de la galerie, des deux côtés de laquelle s'élançaient deux buissons à fruits étincelants, et cette décoration était dominée par une croix composée de lumières multipliées.

Dans l'église de Notre-Dame de Laval, qui célébrait la seconde grande fète de l'Archiconfrérie, on avait dressé au-dessus de l'autel de la Vierge un superbe baldaquin à draperies bleu de ciel, au-devant la gracieuse petite chapelle de gaze du reposoir de la rue Joinville, et, à la porte du chapitreau, un arc de triomphe avec une brillante étoile.

Le coup-d'œil que présentait l'église de Saint-Vénérand a ravi tous ceux qui en ont pu jouir. Derrière le maître-autel, un monticule de verdure s'élevait presque jusqu'à la voûte de la chapelle de la communion. La statue de la Sainte Vierge y reposait au sommet sur une immense touffe de lis ; au-dessous était le chiffre de Marie au milieu de jolis arbustes; mille bougies scintillaient sur le gazon. La personne qui avait conçu cette décoration a fait preuve de bon goût et de piété.

L'église des PP. Jésuites de Saint-Michel, que tout le monde a voulu visiter, était de toutes parts décorée de draperies bleues et blanches à franges d'argent. De magnifiques lustres pendaient de la voûte argentée et faisaient étinceler de leurs feux le transparent de l'Immaculée Conception de Marie au-dessus de l'autel. En face de ce tableau, au bas de l'église, étaient les armes du Souverain-Pontife couronnées pas ce mot éminemment catholique : CREDO.

La façade de l'église était drapée de feuillages et illuminée jusqu'à son sommet, ainsi que son clocher. Vue de loin, cette illumination offrait un effet de perspective vraiment saisissant, surtout lorsque, de temps à autre, au moyen des feux de Bengale, le chiffre de Marie, surmonté d'une grande croix, se détachait sur le fond noir de l'horizon, comme une aurore naissante qui éclairait les nuages et les édifices de notre cité.

Une telle fête ne s'oubliera jamais en la ville de Laval; elle est gravée en traits ineffaçables dans tous les cœurs.

FÊTE DU COURONNEMENT

DE

NOTRE-DAME D'AVÉNIÈRES.

Le jour fixé pour la grande cérémonie du Couronnement de l'Image miraculeuse de Notre-Dame d'Avénières occupait depuis longtemps la pensée de nos bonnes populations. Chacun se préparait à célébrer cette fête avec une solennité et des témoignages d'allégresse que la piété filiale seule sait comprendre et seule aussi sait exprimer. L'enfant des salles d'asile, le vieillard courbé sous le poids des années en faisaient le sujet de leurs plus chères préoccupations; les jeunes personnes devançaient l'aurore et prolongeaient les heures du travail longtemps après la fin du jour, pour tresser les couronnes et les guirlandes, façonner les oriflammes au chiffre de la Vierge Immaculée; et les mères de famille éprouvaient en leur âme un accroissement

5*

de bonheur et de tendresse, en songeant que dans ce jour solennel elles invoqueraient avec une nouvelle ferveur leur sainte Protectrice, et appelleraient, par leurs prières et leurs vœux, une plus grande abondance de bénédictions sur les objets de leur amour. Les pauvres eux-mêmes, les ouvriers presque dans l'indigence faisaient bourse commune pour décorer et illuminer dans leurs quartiers les statuettes de la Sainte Vierge ou de sainte Anne, notamment à la Coconnière, afin de contribuer, eux aussi, dans la mesure de leurs moyens et suivant les désirs de leur cœur, à l'embellissement de la fête du Couronnement de Notre-Dame d'Avénières.

Mgr l'Évêque de Laval qui, de son côté, souhaitait ardemment que rien ne fût négligé pour donner à cette cérémonie un éclat digne de la renommée séculaire de la Vierge protectrice de notre pays, avait établi une commission spéciale, chargée de pourvoir à tous les détails de la fête, et avait en même temps invité plusieurs Prélats à coopérer par leur présence à cet acte de solennel hommage rendu à l'auguste Mère du Sauveur.

Deux d'entre ces Prélats, Mgr Georges de la Massonnais, Évêque de Périgueux et de Sarlat, et Mgr Fillion, Évêque de Saint-Claude, nos illustres compatriotes, avaient puisé dans le cœur de leur mère les premiers bienfaits de la foi. Enfants d'une terre qui a produit des héros chrétiens, des prêtres pieux, d'éminents prélats, ils ont dû ressentir une affliction égale aux regrets que nous éprouvions en ne les voyant point assister à notre belle cérémonie.

Les obsèques du doyen de l'épiscopat français, Mgr de la Motte-Vauvert, évêque de Vannes depuis 1827, empêchèrent Mgr l'Archevêque de Rennes de satisfaire en cette occasion à ses propres désirs.

Mais déjà le jour de la fête était proche.

Le lundi 7 mai, vers six heures un quart du soir, les cloches de la cathédrale sonnent à toute volée; elles annoncent l'arrivée du Métropolitain de la province, Mgr l'Archevêque de Tours, accompagné de Mgr l'Évêque du Mans. Deux autres Prélats, NN. SS. les Évêques de Nantes et d'Angers font leur entrée dans la ville et se rendent au palais épiscopal. Ils précédaient Mgr l'Évêque de Séez, qui n'arriva que le lendemain.

Pendant ce temps, le bruit se répandait dans la ville que, sur la demande d'un certain nombre de fidèles, la Statue miraculeuse allait être le soir même apportée processionnellement à la Cathédrale. La chose pouvait paraître douteuse; car les paroissiens d'Avénières ne semblaient guère disposés à laisser sortir leur Vierge. Il ne leur fallut rien moins qu'une confiance sans bornes dans les excel lentes intentions du Maire et du Conseil Municipal pour empêcher les murmures et peut-être des manifestations publiques dans le but de s'opposer au départ de la Statue. Cette opposition et ces craintes n'étaient ni raisonnables ni fondées, si l'on considère qu'entre toutes les populations celle de la ville de Laval s'est toujours montrée la plus fidèle et la plus dévouée dans les honneurs rendus à l'Image miraculeuse de Notre-Dame d'Avénières.

Cependant, le mardi 8 mai, vers quatre heures et demie, la Statuette quittait son sanctuaire. Elle était portée par deux prêtres en dalmatiques, précédés du clergé, de quelques prêtres en surplis et en chapes, d'enfants des écoles avec leurs oriflammes. M. le Maire, tous les membres du Conseil Municipal et de la Fabrique suivaient l'Image vénérée.

Partout sur le passage de la procession s'était aggloméré une masse de peuple qui contemplait avec avidité les traits de l'antique Statuette. Des larmes d'attendrissement s'échappaient des yeux d'une partie des spectateurs, tandis que d'autres se précipitaient à genoux comme s'ils eussent plié sous le poids d'un bonheur inespéré.

L'Image miraculeuse s'arrêta quelques instants au milieu du grand chemin pour recevoir les purs hommages des jeunes pensionnaires du Sacré-Cœur, qui la saluèrent en passant de leurs chants sympathiques et doux.

Le cortége s'avança ensuite vers la ville au chant des hymnes et des cantiques, tandis que le bourdon et toutes les cloches de la cathédrale annonçaient son approche. La foule augmentait sans cesse en accourant par toutes les rues, malgré la menace d'une averse qui se préparait.

M. l'abbé Vincent, vicaire-général, doyen, à la tête du Chapitre et entouré du clergé paroissial et des employés du bas-chœur, s'avança au-devant de l'Image de Notre-Dame. Le cortége s'étant arrêté à l'entrée de l'église, M. le Curé d'Avénières adressa une allocution au Chapitre concernant le dépôt qui allait lui être confié.

M. le doyen répondit de manière à dissiper toutes les inquiétudes et à bien faire croire au respect dont l'Image serait entourée.

Il se passa alors une de ces scènes qui rappellent les plus beaux âges de la foi catholique. M. le Curé et M. le Maire d'Avénières demandèrent qu'il fût dressé procès-verbal de la remise provisoire et jusqu'au lendemain seulement de la sainte Image, sans aucun préjudice pour les droits de l'église d'Avénières. Le procès-verbal fut signé et lu par le secrétaire du Chapitre à l'entrée de la cathédrale ; puis la Statue de Notre-Dame confiée à la religion de tous les membres du Chapitre, fut introduite dans l'église et placée sur le maître-autel, où des flots de peuple la saluèrent par le chant de l'*Ave Maris Stella.*

Sublime spectacle offert par une foule immense ne formant en quelque sorte qu'un cœur et qu'une âme, et dont les voix réunies ont la majesté du tonnerre.

Un grand nombre de personnes avaient sollicité la faveur de passer la nuit devant l'Image miraculeuse; elles ne purent l'obtenir. Mais les fidèles des trois paroisses de la ville se succédèrent jusqu'à la nuit dans l'enceinte de la Cathédrale. Les mères y apportaient leurs petits enfants, et des cierges de prix étaient allumés par des familles riches.

Le mercredi 9 mai, depuis l'ouverture de l'église jusqu'au départ de la procession, la foule ne cessa pas de se porter du côté de la cathédrale. De demi-heure en demi-heure le saint-sacrifice de la messe était célébré devant la sainte Image.

Pour qu'elle fût plus à la portée de tous les regards, une immense estrade avait été élevée au bas du chœur. Au centre de cette estrade, était l'autel, enveloppé dans de magnifiques draperies blanches, descendant d'un baldaquin en forme de couronne, d'où s'échappaient d'autres draperies en velours bleu de ciel. C'est là que, dans une fraîche et gracieuse exposition, était placée la Vierge, revêtue d'une robe d'argent et d'un manteau en drap d'or où l'on voyait briller la lettre initiale du saint nom de Marie brodée en bosse, avec une bordure enrichie de pierres précieuses.

Des deux côtés de l'autel étaient les trônes en draperies blanches, avec dôme en velours bleu de ciel, du Révérendissime Évêque de Laval et de Mgr l'Archevêque de Tours. De riches fauteuils pour les autres Prélats et des siéges de distinction pour les dignitaires ecclésiastiques occupaient l'estrade entière.

Les grandes journées de pluie des semaines précédentes n'avaient point ralenti le zèle des habitants de notre cité. Deux jours de soleil seulement avaient semblé d'un heureux augure; mais hélas! le matin même de la fête, une pluie torrentielle inonda nos rues, sans néanmoins jeter le découragement dans les cœurs. Pas une âme ne se montra inquiète; on espérait, que dis-je! on était convaincu que le nuage se dissiperait infailliblement pour l'heure de la cérémonie.

L'attente ne fut point trompée : le soleil, vers midi, perça les nuages, et la ville prit aussitôt un aspect d'immense allégresse.

A une heure un quart, les cloches de la Cathédrale se font entendre et de nombreux prêtres, venus de tous les points du diocèse, se rendent dans cette église pour se revêtir des ornements sacrés.

Le Chapitre, précédé de la musique du Lycée de Laval, se dirige vers le palais épiscopal où étaient réunis les Évêques qui, bientôt, la mitre en tête et la crosse à la main, s'avancent majestueusement vers la Cathédrale.

A leur arrivée, l'Image miraculeuse est posée sur un brancard magnifiquement décoré, et la procession se met en marche, au chant des Litanies de la Sainte Vierge.

Un piquet de gendarmes à cheval est en tête.

Viennent ensuite les membres de l'association des ouvriers de Saint-François-Xavier avec leur drapeau et leur guidon surmonté d'un cierge. Au milieu d'eux on remarque la musique des élèves du collége de Château-Gontier;

Les enfants des Asiles, vêtus de blanc, la tête couronnée de fleurs et des oriflammes à la main. Ils suivent leur bannière et accompagnent la statue de l'Enfant Jésus placée au milieu de leurs rangs;

Les enfants des Écoles des Frères de Laval et d'Avénières, avec leurs trois bannières, et faisant un rampart de leurs oriflammes bleues et blanches aux statues du Sauveur bénissant les enfants, de saint Louis de Gonzague et de saint Modestin;

Les enfants de l'hospice Saint-Louis de Laval, avec leur bannière décorée de l'image du grand roi, et au milieu d'eux l'image de saint Julien, apôtre du Maine;

Les apprentis de la société de Saint-Vincent-de-Paul, accompagnant la statue de leur saint patron;

Les jeunes gens de la Société de Notre-Dame-de-Beauregard aussi avec leur bannière et la statue de l'Ange gardien, d'une exécution charmante et pleine d'effet;

Au milieu d'eux est un chœur de chanteurs;

Les confrères du Rosaire perpétuel avec leur guidon, décoré de l'image de saint Dominique, et du Rosaire vivant, marchant à la suite de la bannière de Notre-Dame d'Avénières;

Les membres de l'association de la Bonne-Mort avec leur bannière et la statue de saint-Joseph, leur patron;

Les membres de la conférence de Saint-Vincent-de-Paul, marchant sous la bannière de Notre-Dame de Laval, et ayant au milieu d'eux les reliques de leur saint patron.

Les diverses congrégations religieuses établies à Laval, connues sous les noms de Petites-Sœurs des Pauvres, des sœurs de l'Espérance, de la Miséricorde, des sœurs d'Evron viennent ensuite, précédées de leur bannière qu'entourent douze petits enfants vêtus de blanc; dans leurs rangs on distingue le reliquaire des Vierges.

Le clergé, composé d'une réunion de plus de cinq cents prêtres, revêtus de surplis, de dalmatiques et de chapes, s'aligne à la suite de la bannière et de la croix de la Cathédrale.

Au milieu de ces longues files sont portés, à des distances égales, par des prêtres en dalmatiques, trois beaux reliquaires qui renferment, le premier des Reliques des Martyrs, le second des Reliques des Apôtres, et le troisième des Reliques d'un grand nombre de Saints. Chacun d'eux était accompagné de deux torches et de quatre oriflammes avec des inscriptions. Des thuriféraires font onduler de temps en temps, sur leur passage, la fumée des parfums de l'Orient.

Après le clergé, viennent les chanoines de Laval et les chanoines étrangers, précédés d'un chœur d'ecclésiastiques en chapes.

C'est au milieu de ces vénérables prêtres que l'on voit apparaître l'IMAGE MIRACULEUSE DE NOTRE-DAME D'AVÉNIÈRES, portée par quatre doyens, accompagnés de quatre chanoines soutenant les cordons des angles du brancard.

Cette sainte Image était précédée de la COURONNE, posée sur un coussin et portée par un chanoine en chape, accompagné de deux autres chanoines également en chapes.

Elle est immédiatement suivie de son cortége d'honneur :

Le R. P. abbé de la Trappe du Port du Salut, près Laval, assisté de deux autres pères Trappistes, dont l'un porte sa crosse de bois. Tous les trois, en longs manteaux de laine blanche, la tête rasée et profondément recueillis, attirent l'attention de la foule, qui contemple en eux le magnifique spectacle de la volonté de l'homme souveraine d'elle-même et indépendante des caprices et des penchants de son enveloppe terrestre.

Mgr Coquereau, chanoine du premier ordre de Saint-Denis et aumônier en chef de la flotte, assisté de M. Broussin, chanoine, aumônier de l'hospice Saint-Julien de Laval, et de M. l'abbé Laine, aumônier de l'Empereur et chanoine de Saint-Denis.

Mgr Nanquette, évêque du Mans, assisté de MM. Bruneau et Cartereau, ses vicaires-généraux;

Mgr Jacquemet, évêque de Nantes, assisté de MM. Laborde, vicaire général, et de la Guibourgère;

Mgr Rousselet, évêque de Séez, assisté de MM. Lebacheur, vicaire général, et Favrole, chanoine de Laval;

Mgr Angebault, évêque d'Angers, assisté de MM. Chesnel, chanoine d'Angers, et Gerault, archiprêtre de Saint-Vénérand, vicaire-général;

Mgr Wicart, évêque de Laval, assisté de MM. Davost, archiprêtre de la cathédrale, vicaire général, et Véron, vicaire général de Laval et de Paris et promoteur de ce dernier diocèse;

Enfin Mgr Guibert, archevêque de Tours, précédé de la croix archiépiscopale, et assisté de MM. Wicart, vicaire général de Laval, et Bonnaud, chanoine de Tours.

Tous les prélats portaient la crosse et la mître et bénissaient continuellement le peuple.

Après eux, les autorités municipales de Laval et d'Avénières et les administrations fabriciennes des quatre paroisses;

Le cortége est fermé par un piquet de gendarmes à cheval.

C'est dans cet ordre que ce long et brillant cortége s'avance à travers les rues et les places de notre cité, tapissées partout de feuillages, d'oriflammes aux couleurs variées, de lambarum décorés du chiffre de la Très-Sainte-Vierge, de guirlandes et de draperies parsemées de fleurs.

Sur la place du Palais, on remarque un obélisque avec cette inscription au sommet :

Regina Martyrum.
O. P. N.

C'était comme la consécration de ce lieu à Marie, en souvenir de nos discordes civiles.

L'Image vénérée de Notre-Dame d'Avénières, ainsi escortée, sort au bruit de toutes les cloches de la cathédrale par le grand escalier, traverse la rue et la place du Palais soigneusement décorés, et entre dans la rue de l'Hôtel de-Ville. Là, comme partout, les trottoirs sont couverts d'une masse compacte de peuple, les fenêtres, les balcons de toutes les maisons sont garnis d'hommes et de femmes. Contemplé de loin, ce spectacle rappelait le passage de l'arche des Hébreux au milieu des eaux de la Mer-Rouge ; des flots vivants et nuancés des plus brillantes couleurs, ondulent comme d'immenses draperies formant berceau sur le passage de l'image de la sainte protectrice de Laval.

Avant de nous arrêter au récit d'une scène touchante, nous croyons devoir ne pas omettre la description des décorations de l'Hôtel-de-Ville (1).

(1) Les décorations de l'Hôtel-de-Ville, que tout le monde a admirées, sont l'œuvre pleine de goût de M. Pont, architecte municipal.

De beaux mâts vénitiens, aux couleurs variées, avec leurs anneaux d'or, les boules et les flammes qui les surmontent, entouraient la place entière. Des oriflammes semées d'abeilles et d'hermine et enrichies du chiffre de la Reine des Cieux retombaient de leurs cimes et venaient caresser les faisceaux de drapeaux, groupés autour des écussons des villes épiscopales de la province.

Notre-Dame d'Avénières avait arboré les armes de NN. SS. les Évêques; Laval, à son exemple, montrait l'écusson des autres villes épiscopales, afin de les associer à sa fête, se faisant ainsi l'interprète des pieux hommages qu'elles auraient été heureuses de rendre comme nous à la Mère du Sauveur.

D'autres écussons portaient les noms des cantons de l'arrondissement de Laval.

L'Hôtel-de-Ville s'était paré comme en ses plus beaux jours de fête. Les six colonnes du rez-de-chaussée étaient entrelacées de torsades de verdure, éclairées par les plus jolies fleurs; des guirlandes de toutes sortes suivaient les contours des arcades et s'étendaient en draperies gracieuses au pourtour de l'entablement et des lignes principales de l'édifice.

A l'étage supérieur, deux vases de fleurs d'une grande élégance remplissaient les deux niches, au-dessus desquelles on lisait ces inscriptions, couronnées de banderolles :

Vas honorabile. Vas insigne devotionis.

La grande fenêtre du milieu, transformée en une chapelle gothique faite en branche de mélèze, renfermait, au sein d'une fraîche verdure, une belle statue de la Vierge.

Au-dessus du premier entablement, on voyait les armes impériales et celles de la ville de Laval, ainsi que des écussons au chiffre de Marie.

L'entablement du rez-de-chaussée portait six écussons avec les noms des villes épiscopales. Un grand nombre d'autres écussons, sur lesquels étaient gravés des symboles, complétaient la décoration de la façade de l'Hôtel-de-Ville.

La procession, en arrivant sur la place de la Mairie, se divisa, et chaque corps se groupa autour de sa bannière respective, en face et aux deux côtés de l'Hôtel-de-Ville, pour entendre le R. P. Lavigne, de la compagnie de Jésus, prédicateur de la fête du Couronnement. L'orateur, du haut d'une chaire, malheureusement peu élevée, et en présence d'une assemblée composée de cinq à six mille personnes, présidée par six Évêques, assis à l'entrée du péristyle de la Mairie, jeta au vent un brillant commentaire du psaume *Fundamenta ejus in montibus sanctis*, qu'il appliqua à la Vierge Immaculée et à la fête du jour. Mais le bruit des rues voisines empêchait une grande partie de l'assistance de comprendre parfaitement sa magnifique improvisation. Elle obtint cependant un beau et légitime triomphe, quand la foule, à deux reprises différentes, s'écria pleine d'enthousiasme :

VIVE NOTRE-DAME D'AVÉNIÈRES !

Le signal du départ est donné et la procession déroule ses lignes dans la longue rue Joinville, entre une double rangée de colonnettes surmontées de vases de fleurs et de mâts avec oriflammes, que reliaient entr'elles des guirlandes de verdure, conduisant à un bosquet de fleurs et de feuillage, au centre duquel était placée une statue de la Sainte Vierge. Deux inscriptions servaient à expliquer cette décoration emblématique :

Sicut lilium inter spinas. *Hortus conclusus.*

Le cortége traverse ensuite la rue de Rennes, tendue en toiles comme au jour de la Fête-Dieu, et rencontre au Carrefour-aux-Toiles un petit temple, en style ogival, édifié en l'honneur de Notre-Dame-des-Anges.

Au sortir de cette rue, l'attention se porta vers un arc de triomphe en style gothique, se dessinant avec ses mille découpures sur un ciel lointain et donnant entrée sur la Place Hardy. Sur cette place, au milieu du square dont elle est embellie, était une statue de la Vierge; et, comme s'il eût fallu que tout, en notre cité, portât le cachet de la fête du Couronnement de Notre-Dame d'Avénières, un autel aérien se montrait jusques sur les créneaux des vieilles tours de la Porte-Beucheresse.

Qui n'a senti son cœur battre d'émotion à la vue d'une aussi imposante manifestation des sentiments religieux de tout un peuple? Ces transports d'allégresse, ces élans d'enthousiasme ne portent point le trouble dans son être; ils sont purs et salutaires et font en quelque sorte partie de son existence; comme lui ils sont de tous les temps et se renouvelleront dans les âges à venir. Oh! l'amour du peuple est magnifique et grandiose quand il s'adresse à un objet véritablement digne de respect, qui honore ses sacrifices et ses devoirs, en le faisant graviter dans le progrès vers l'ordre moral.

Cependant le cortége de la Statue de Notre-Dame continue de s'avancer le long de la rue de Marmoreau admirablement décorée. Un arc de triomphe, d'une délicatesse de travail admirable, d'une grâce irréprochable, était couronné à son sommet par l'image de Marie sous l'emblême de *Domus aurea*, soutenue par deux anges.

Le mauvais temps de la matinée n'avait pas permis de compléter les décorations de la place de Hercé, au bas de laquelle s'élevaient deux gigantesques obélisques qui servaient d'entrée à une avenue bordée de colonnettes, surmontées d'anges tenant chacun une inscription qui rappelait les noms des plus célèbres sanctuaires de Notre-Dame de France. Au-dessus de ces colonnettes se dressaient des mâts avec des oriflammes. Une porte flanquée de deux grosses tours non achevées terminait l'avenue. Le tout encadré dans le frais feuillage des arbres de la promenade.

En ce moment une averse malheureuse vint assaillir le cortége qui néanmoins ne se désorganisa point; il descendit majestueusement le chemin d'Avénières dont la décoration était une prière continue. Des mâts élancés, au nombre de quatre-vingts, livraient au vent d'immenses banderolles blanches et bleues, sur lesquelles étaient inscrites, en lettres brillantes, les strophes de l'*Ave Maris Stella* et les Litanies de la Très-Sainte Vierge.

Les décorations des maisons n'étaient pas moins remarquables; celles par exemple de l'établissement des jeunes orphelines, dont le portail ressemblait à une mosaïque de fleurs et de lettres d'or composant une prière; celle d'un atelier de mécanicien, où l'on voyait briller des urnes en fonte polie, garnies de guirlandes et d'épis; entre chaque urne se dressaient de superbes colonnes également en fonte polie, reliées les unes aux autres par des guirlandes de verdure, et surmontées d'une gerbe de blé et d'un faisceau d'oriflammes emblématiques. Non loin de là s'élevait, devant la communauté du Sacré-Cœur, une porte triomphale, pleine d'élégance et de légèreté.

Il y avait plus de deux heures que la procession était en marche au chant des hymnes alternant avec les musiques du Lycée de Laval et du collége de Château-Gontier.

Mais avant d'entrer dans les détails de la cérémonie proprement dite du Couronnement de Notre-Dame d'Avénières, il est utile de faire connaître la décoration intérieure de l'église, exécutée suivant le plan et sous la direction de M. Renous.

L'Image miraculeuse devant être couronnée sur place, il fallut trouver le moyen de s'élever jusqu'à elle. Des escaliers étaient impossibles et le chêne était trop bas pour pouvoir se servir de ponts volants.

L'intelligent restaurateur de l'église songea à une galerie qui devait se projeter d'un mètre au moins hors du périmètre du déambulatoire, et servir de suspension à une seconde galerie disposée de manière à ne pas cacher l'arcature centrale du chœur.

Pour arriver à ce résultat, il fallait nécessairement masquer les arcatures du triforium, c'est-à-dire la partie la plus remarquable et la plus admirée de l'église. La situation était délicate ; mais comme le but était désigné et qu'il fallait l'atteindre, l'architecte eut l'heureuse idée de reproduire les arcatures précitées, au moyen d'une combinaison artistique, dans la devanture de la galerie, et d'arriver à cette reproduction avec des fleurs et de la verdure.

C'est ainsi que les deux faces principales de la galerie, flanquées de douze colonnettes encorbellées, avec piédestaux et culs-de-lampe, donnent naissance à dix travées d'arcature ornementées de fleurs. Tous les chapiteaux sont décorés de roses de diverses couleurs qui simulent les volutes et les revers de feuille du style; les arcatures sont représentées par des guirlandes de roses alternées.

Sur chaque feuille des piédestaux étincelle une pivoine rose sur un fonds de verdure; car, colonnes, corniches, soubassements, piédestaux, culs-de-lampe, tout est couvert de fines branches de pin juxtaposées avec un soin et une patience dignes d'éloges.

Les soubassements des arcatures sont ornementés d'une frise de roses alternées de couleur avec une pivoine bleue au centre.

Le dessous de la galerie est tendu en étoffe bleue

constellée d'étoiles d'or, d'où descendent, comme autant de petits parterres aériens, des lampes de mousse et de fleurs.

Deux arcatures ouvertes de chaque côté du triforium donnent entrée dans la galerie supérieure, d'où l'on descend à celle inférieure par deux escaliers masqués par des panneaux en verdure, subdivisés par des moulures en roses variées.

Au centre de ces panneaux figure un M en roses blanches. La traverse, les boulons de suspension, les arcs des pendentifs sont également décorés de feuilles de pins, de roses, de pivoines.

Mais afin de ne pas masquer la Vierge, la galerie est échancrée en face du chêne qui la supporte, dans une largeur de deux mètres environ.

Il faut bien l'avouer, ces colonnes si fraîches, ces arcatures si resplendissantes, tout cet ensemble si riche, si puissant d'effet, si vrai de style; ces lampes de suspension, ces fleurs naturelles si éclatantes et si parfumées, ont donné à la cérémonie du Couronnement un charme que rien n'eût pu produire au même degré. (1)

(1) Ces magnifiques décorations, admirées par tous les visiteurs, ont été exécutées par M. Chamaret, maire; MM. Alphonse Béasse et Pierre Decré, et sœur Marie, de

Il faut bien le dire encore, cette galerie devait puissamment aider à l'accomplissement des devoirs religieux du pélerinage, en permettant aux paroisses de former une auréole de cœurs d'or autour de l'Image de Notre-Dame d'Avénières.

A ces décorations, il faut joindre celles du déambulatoire, du transept, de la nef et des bas-côtés, parsemés de lustres de fleurs et de feuillage; des écussons suspendus aux piliers du chœur et de la nef, écussons ou brillaient les armes de chacun des évêques présents à la cérémonie, et celles des Souverains Pontifes dont les noms suivent :

ADRIEN IV, Anglais d'origine, et 145e pape, de 1155 à 1159.

INNOCENT III, natif d'Ognani, et 182e pape, de 1198 à 1216.

Savant, profond en matière de jurisprudence et de théologie, il publia le concile de Latran. Sous son pontificat furent institués les ordres Mendiants, Carmes, Augustins, Jacobins, Cordeliers. C'est ce pape qui octroya, en 1207, des indulgences plé-

l'institution d'Avénières, qui méritent des éloges pour leur habileté, leur goût et leurs soins, et aussi par MM. Léon Béasse, Beaudouin et Fichepoil. — Les fleurs sortaient de la serre de M. Georget.

nières à ceux qui prieront dans l'église de Notre-Dame d'Avénières le *vendredi*.

EUGÈNE IV, Vénitien, et 215e pape, de 1431 à 1447.

Nous ne savons pourquoi l'écusson aux armes du Souverain Pontife qui, suivant Perrette de Monbron, publia, en 1464, un bref en faveur des paroissiens d'Avénières, fait ici défaut.

SIXTE IV, né à Savonne, et 220e pape, de 1471 à 1484.

INNOCENT VIII, Génois d'origine, et 221e pape, de 1484 à 1492, lequel, dit-on, à la demande de Guy XV de Laval, promulgua une bulle pour rappeler les bénédictines au monastère d'Avénières. C'est sous son pontificat que l'empereur Bajazet envoya à Rome le fer de la lance qui transperça le côté de Notre-Seigneur.

Nous ignorons pourquoi les armoiries de Grégoire XV, pape de 1621 à 1623, ne figuraient point à côté des précédentes. C'est ce pape qui, dit-on, avait enrichi l'église de Notre-Dame d'Avénières, de nouvelles indulgences pour le *jour de l'Annonciation*.

URBAIN VIII, issu d'une illustre famille de Florence, et 239e pape, de 1623 à 1644, savant très-versé dans la langue grecque et dans la poésie. Il avait été Nonce en France, et c'est lui qui érigea, en 1633, la *Confrérie de Notre-Dame d'Avénières.*

Enfin l'écusson aux armes de l'immortel Pie IX, lequel était placé au fond du chœur de chaque côté du maître-autel. Ce père de tous les fidèles avait, le 21 mai 1845 et le 22 août 1856, ajouté de nouveaux priviléges à ceux dont jouissait l'église affiliée déjà au sanctuaire de Notre-Dame-de-Lorette, et, par son bref du 18 mars 1859, il autorisait le Couronnement de Notre-Dame d'Avénières.

Ajoutons à ces décorations la verrière de la maîtresse-fenêtre du chœur, qui représente, dans sa partie supérieure, le Couronnement de Notre-Dame, et, dans sa partie inférieure, Pie IX qui remet la couronne au Révérendissime évêque de Laval, en lui montrant du doigt, dans le lointain, le clocher d'Avénières.

Une très-belle lampe gothique, donnée par l'Impératrice, était suspendue devant l'Image de Notre-Dame d'Avénières. (1)

Cependant la tête du cortége avait fait son entrée dans l'église déjà en partie occupée. Les Associa-

(1) Cette lampe a été donnée à l'église d'Avénières sur la demande de M. le maire et de M. le curé.

tions se massent dans les bas-côtés de la nef, les deux musiques et le bas-chœur dans le transept de la sacristie, les religieuses dans celui des martyrs, les prêtres dans le déambulatoire et les membres du Conseil Municipal et de la Fabrique dans l'allée du milieu de la nef; tandis que les enfants des Asiles, des Frères de la Doctrine chrétienne et de l'hospice Saint-Louis se retirent dans les établissements désignés pour leur faire prendre du repos.

Quoique tout fût disposé de manière à ce que rien ne pût arrêter la procession dans sa marche, il s'écoula néanmoins, vu la longueur du cortége, près de vingt minutes jusqu'au moment où la Statuette, accompagnée des Évêques, apparut sur le seuil de son antique sanctuaire.

A ce moment la fanfare des élèves du Lycée de Laval et la Société Philharmonique de notre ville exécutèrent la *Marche du Prophète*, de Meyerbeer.

Le bruit des cloches, les éclats des trompettes, les têtes qui s'inclinaient, tout imprimait à cette scène un cachet de grandeur qu'il est impossible de retracer.

Un grand silence ayant succédé aux accents de la musique, le R. P. Lavigne monta en chaire. Il prit pour textes ces paroles de l'Evangile :

> *Bonum est hic esse* :
> Nous sommes bien ici.

Nous n'essaierons point d'analyser son discours. Il considéra dans une première partie tout ce qu'il y avait de sublime ou de terrible dans les grandes manifestations populaires quand elles avaient pour but de rendre gloire à Dieu ou qu'elles agissaient en opposition avec sa loi : « Lorsque les peuples, s'écria-t-il, se réveillent sous l'inspiration d'une grande pensée, c'est Dieu qui les émeut et les soulève, c'est lui qui, par cet ébranlement, les dispose à l'accomplissement de ses desseins. »

Dans la seconde partie, il retraça, en peu de mots, l'antiquité du sanctuaire de Notre-Dame d'Avénières, l'affluence des pèlerins dans les siècles passés, la dévotion des habitants de Laval et des populations voisines.

Il termina par une prière qui alla au cœur de l'assistance entière. Des larmes s'échappaient de tous les yeux quand il demanda la guérison des malades et des infirmes qui avaient fait d'immenses efforts pour assister à la cérémonie du Couronnement. Les élans de sa foi et de sa charité éclatèrent en supplications touchantes en faveur d'une martyre dont le courage et la piété attendrissaient tous les spectateurs. Ah! nous n'en doutons pas, du haut du ciel, la Vierge immaculée dut en ce moment jeter un regard d'amour sur son sanctuaire d'Avénières et porter particulièrement son regard, avec les pensées de tout l'auditoire, sur cette mère de famille, cette sainte femme qui cachait ses souffrances en les dévorant en silence, pour les offrir au Fils de Marie, et obtenir par elle, s'il plaît à Dieu, sa guérison dans l'intérêt de ses jeunes enfants et de sa famille.

Après le discours, M. Vincent, vicaire général, donna lecture du bref de Notre Saint-Père le Pape Pie IX, autorisant le Couronnement de la Statue de Notre-Dame d'Avénières, et déléguant à cet effet Mgr l'Évêque de Laval. Voici la traduction de ce bref.

PIE IX, PAPE.

BREF DU COURONNEMENT.

A tous les fidèles en Jésus-Christ qui les présentes verront, salut et bénédiction apostolique. Tout ce qui est destiné et qui paraît propre à exciter l'amour des fidèles envers la sainte et immaculée Mère de Dieu, Nous le faisons toujours avec empressement et plaisir. Car Nous avons l'espérance et la certitude que la bienheureuse Vierge, touchée des vœux et des prières de ses serviteurs, obtient du divin Rédempteur du genre humain, son Fils, pardon et bienfaits pour les peuples chrétiens. Or, il Nous a été rapporté qu'aux abords de la ville de Laval, récemment décorée par Nous du titre et des honneurs de Cité

Épiscopale, existe une église paroissiale sous le nom de Notre-Dame d'Avénières, recommandable à beaucoup d'égards. Il résulte en effet des documents qui Nous ont été transmis, que, fondée par la pieuse munificence des fidèles depuis des siècles, et souvent restaurée, elle a été en outre enrichie par ce Saint-Siége Apostolique, des celestes trésors que dispense l'Eglise. D'où il est arrivé qu'un très-grand concours de fidèles s'est constamment fait, même de loin, dans ce sanctuaire, avec beaucoup de respect et de religion envers la sainte image qu'on y honore. C'est pourquoi notre Vénérable Frère l'Evêque actuel de Laval, en vue d'augmenter encore cet amour et cette vénération des fidèles envers la bienheureuse Vierge et Immaculée Mère de Dieu, a vivement sollicité de Nous la faculté de couronner en Notre nom ladite image ou statue vénérée dans cette église. Accueillant donc ses prières avec une entière bienveillance, Nous conférons par les présentes à notre Vénérable Frère l'Evêque actuel de Laval le pouvoir, pour le jour dont il aura fait choix, de poser au front de la susdite image de la Très-Sainte Vierge la couronne qu'il aura dû auparavant bénir. Et en même temps Nous accordons miséricordieusement en Notre-Seigneur, à tous les fidèles de l'un et de l'autre sexe, qui, vraiment pénitents, s'étant confessés et ayant communié, visiteront pieusement, soit en ce même jour, soit l'un des sept jours suivants, à leur choix, l'église susnommée, et prieront pour la concorde des princes chrétiens, pour l'extirpation des hérésies et l'exaltation de la sainte Mère l'Eglise, indulgence plénière et rémission de tous leurs péchés, dont ils pourront même appliquer le fruit, par manière de suffrage, aux âmes des fidèles décédés dans la paix du Seigneur. Les présentes n'étant cependant valables que pour cette fois. Donné à Rome, près Saint-Pierre, sous l'anneau du Pêcheur, le 18 mars 1859, treizième année de notre Pontificat.

P. D. CARD. MACCHI.

J. B. Brancaleoni Castellani Sub.

La lecture terminée, la Couronne fut présentée au trône et bénie par Mgr Wicart avec les prières usitées en pareille circonstance. Sa Grandeur antonna ensuite le *Regina Cœli* que continua un chœur de chanteurs accompagnés par l'orchestre.

Mgr de Laval, en chape, suivi du Chapitre de la Cathédrale, s'avança alors d'un air recueilli et heureux dans les galeries suspendues, d'où, avant de couronner la sainte Image, il prononça, d'une voix pleine de larmes et d'émotion, une allocution de laquelle nous extrayons ce qui suit :

« MESSEIGNEURS,

« MESSIEURS ET TRÈS-CHERS FRÈRES,

« Au nom et par délégation expresse de notre très-saint, très-aimé, hélas! et si douloureusement éprouvé Père et Pontife Pie IX ; interprête aussi des sentiments de ce digne clergé, accouru de toutes parts en si grand nombre, organe de cette bonne et religieuse cité de Laval et du diocèse entier, consacré dès son origine, avec l'approbation apostolique, à Marie immaculée, nous allons poser ce diadème d'honneur et d'amour au front de l'image vénérée de Notre-Dame d'Avénières. Mais vous, si vous avez des hommages personnels à offrir, si vous avez des besoins, des intérêts particuliers, présents ou à venir, intérêts de paroisse, intérêts de famille, intérêts spirituels surtout, n'hésitez point, nos très-chers frères, déposez-les avec confiance devant la sainte Image, faites-les monter au plus haut des Cieux, jusqu'à la douce majesté de Celle qui réside si près de Dieu, et à qui rien ne fut jamais refusé. Confiance! nul aujourd'hui, nul jamais ne sera confondu dans une juste et religieuse demande.

« Oui, ô Marie! un diadème à votre front, et tous les cœurs, toutes les espérances à vos pieds! Souveraine de la terre et des Cieux, Reine des anges et des hommes, Vierge des vierges, Femme élue entre toutes les femmes, Créature élevée au-dessus de toutes les créatures, Chef-d'œuvre du Tout-Puissant, qu'il s'associa pour préparer la rédemption du genre humain, Mère du Verbe incarné, Mère de Jésus et notre Mère, de ces sublimes hauteurs où l'éternelle beauté vous revêt de ses plus vives et plus pures splendeurs, abaissez, nous vous en supplions, un regard sur ce sanctuaire qui vous appartient, et sur cette multitude immense dont les longues lignes serrées saluaient tout à l'heure avec tant de transports votre effigie sacrée sur toute cette longue voie triomphale qu'elle vient de parcourir avec nous. Tous les cœurs, ô Marie, tressaillent et palpitent, comme le jeune précurseur de Jésus dans le sein de sa Mère, à votre aspect. Si près de cette Image bénie qui, par tous les élans de notre âme et ses plus ardentes aspirations, nous rapproche de vous-même, il nous semble entendre, comme Elisabeth, votre voix, il nous semble voir s'ouvrir votre main si bienfaisante, s'ouvrir votre cœur si clément, et le Ciel même s'ouvrir sur nos têtes pour faire descendre ces paroles du Père, comme sur les rives dn Jourdain : « C'est mon Fils, c'est sa Mère ; écoutez-les, suivez-les ; toutes mes complaisances sont sur eux, et par eux descendront sur vous. » Vierge sainte, que cette parole retentisse et s'accomplisse à jamais dans nos âmes ! Vous pouvez tout auprès de celui qui fait tout ce qu'il veut. Obtenez-nous la pratique de tout bien ; obtenez-nous, non la délivrance de tout mal, mais la force de lui résister et de le vaincre. La vérité et la vertu, la foi et l'observation des préceptes sont tout ce qu'il nous faut pour atteindre nos immortelles destinées ; le reste n'est que pour le temps et pour le corps. Tendre Mère, vous ne dédaignez cependant pas de veiller même à ces détails secondaires de la vie de ceux qui vous invoquent avec piété. Que de preuves, depuis des siècles, en ont été recueillies en ces lieux ! que de soupirs exaucés ! que de larmes essuyées ! que de souffrances soulagées ! Oh ! veillez toujours, veillez ; et qu'aucun de ceux qui seront venus vous prier ici pour quelque peine ou besoin que ce soit, ne s'en retourne jamais sans consolation.

. . . .

« Reine des Apôtres et des Confesseurs, récompensez

aussi ces dignes Pontifes qui sont venus unir ici leurs hommages aux nôtres, leurs vœux à nos vœux, leurs supplications à nos supplications; récompensez leur zèle selon leurs désirs, en procurant le succès de tout ce qu'ils ont déjà entrepris et de tout ce qu'ils méditent encore pour la gloire de Dieu, pour la vôtre et le salut des âmes qui leur sont confiées.

« Enfin, embrâsez d'une semblable flamme le trop faible serviteur qui, après tous les autres, ô Jésus, ô Marie, vient vous implorer pour lui-même. Vivre et mourir pour Dieu, pour vous, pour ses frères, voir tous ceux-ci heureux, fidèles et bénis, est tout ce qu'il souhaite, tout ce qu'il demande pour le temps et pour l'éternité. »

Ce fut un moment bien solennel quand le Révérendissime Evêque de Laval, avant de terminer son allocution, se prosterna devant la Statuette de Notre-Dame d'Avénières en lui adressant de ferventes prières pour l'Eglise et le Souverain-Pontife, pour son diocèse et pour lui-même.

Toujours à genoux avec tous les membres de son Chapitre, il couronna l'Enfant Jésus en prononçant ces paroles : *Sicuti per manus nostras coronaris in terris, ita et a te gloria et honore coronari mereamur in cœlis.*

Puis il plaça sur la tête de l'antique Statuette le diadême donné par Pie IX, en disant : *Sicut per manus nostras coronaris in terris, ita et a Christo gloria et honore coronari mereamur in cœlis.*

Au même instant, les cloches d'Avénières sonnèrent à pleines volées, et celles de toutes les églises et chapelles de la ville leur répondirent.

Monseigneur bénit l'encens et encensa l'Image vénérée, pendant que les chanteurs et l'orchestre firent retentir les voûtes des sublimes strophes du *Magnificat*.

Avant de quitter l'église d'Avénières, les Evêques, rangés au-devant de l'autel, la mître en tête et la crosse à la main, donnèrent tous ensemble à l'assistance une solennelle bénédiction, à la suite de laquelle le cortége, en chantant le *Te Deum* et le *Benedictus*, retourna à la Cathédrale où le Métropolitain donna le salut du Très-Saint Sacrement.

Il était près de huit heures du soir quand le Chapitre et la musique des élèves du collége de Château-Gontier reconduisirent NN. SS. les Evêques à l'Evêché.

Ce fut l'heure où toutes les fenêtres des maisons et les Madones des divers quartiers de la ville resplendirent de lumières, de verres de couleur et de lanternes vénitiennes.

L'Hôtel-de-Ville de Laval changea sa physionomie du jour. Les colonnes ornementées de fleurs s'enrichirent de torsades lumineuses ; les fenêtres se drapèrent de globes, accompagnés de fleurs, sur lesquelles se reflétaient, comme sur des diamants, l'éclat des feux. Des lustres de verdure et de fleurs scintillèrent de lumières habilement échelonnées. Un cordon de gaz circulait le long du premier entablement, et la chapelle champêtre, devenue une chapelle ardente, étalait une éblouissante fraîcheur. Au sommet de l'édifice, le chiffre de Marie, en lettres de feu, était surmonté d'une superbe couronne, tandis que sur les quatre fenêtres des deux ailes on voyait étinceler cette inscription :

Ave Maria *Gratiâ plena.*

Outre l'Hôtel-de-Ville, un grand nombre de maisons particulières, notamment dans la rue Marmoreau, se distinguaient par des décorations lumineuses de l'effet le plus gracieux.

Le grand chemin d'Avénières, éclairé par des lanternes vénitiennes et des lampions, permit à la foule de retourner au sanctuaire de Marie pour y contempler son image qui semblait être placée au milieu d'une atmosphère embrasée par des feux invisibles.

En fidèle chroniqueur, nous devons dire que, ce jour-là, le peuple avait arrêté tous ses travaux, qu'il portait ses habits de fêtes, et que depuis longtemps aucune cérémonie n'avait imposé à tous et à chacun, une plus grande retenue et un plus grand respect.

Certes, il serait injuste de ne pas le reconnaître ici, la fête du Couronnement de l'Image miraculeuse de Notre-Dame d'Avénières est l'œuvre de la persévérance de M. Chamaret, maire de cette paroisse. Grâce à son énergie, à sa constance, le bourg d'Avénières, que sa proximité du chef-lieu du département semblait, pour ainsi dire, obliger forcément de se tenir dans l'ombre, occupe une place distinguée dans le mouvement imprimé au *réveil* du peuple.

M. l'abbé Pinçon, curé d'Avénières, a accepté courageusement la part des fatigues et des charges qui incombaient à son ministère dans la restauration et la décoration de l'église de Notre-Dame.

PÉLERINAGES

DES PAROISSES.

La fête du 9 mai devait avoir un octave, pendant lequel des paroisses éloignées de 4, 12, 15 et 25 kilomètres vinrent rendre leurs hommages à Notre-Dame d'Avénières. Des démarches avaient été faites dans cette intention auprès du chemin de fer pour obtenir des trains spéciaux et à prix réduit.

Rien de touchant comme le passage à travers la ville de ces longues files de laboureurs, marchant à la suite de leur croix et de leur bannière, au chant des cantiques, des litanies et des hymnes sacrés, et s'avançant, le chapelet à la main, vers le sanctuaire de Marie. Nous ne pouvons entrer en de grands détails sur ces processions, auxquelles le temps et l'espace ne nous permettent d'accorder malheureusement qu'un simple souvenir.

LE JEUDI 10 MAI.

La paroisse qui figure en tête de ces pélerinages est celle de l'Huisserie. La procession était bien ordonnée et fit son entrée dans le vénéré Sanctuaire à sept heures du matin.

Pendant qu'elle assistait au saint-sacrifice de la messe, deux autres paroisses, Montigné et Ahuillé, s'étaient réunies au Haut-Chêne à cinq heures du matin et marchaient en lignes sur la grande route de Cossé en chantant des cantiques et des hymnes. Elles firent à leur tour leur entrée dans l'église à huit heures. La paroisse de Montigné suspendit la première un cœur au tronc du chêne de Notre-Dame.

A neuf heures, celle de Saint-Cyr-le-Gravelais succédait aux deux précédentes.

A dix heures, la paroisse de Saint-Vénérand de Laval se présentait à la suite de son vénérable pasteur. Elle assista à une messe solennelle et fut la seconde qui suspendit un cœur au tronc du chêne de Notre-Dame.

VENDREDI 11 MAI.

A sept heures, la paroisse de Bonchamps arrivait à Avénières, après avoir traversé une partie de la ville et le pont de fil de fer, aux chants d'un groupe de jeunes personnes qui chantaient des cantiques ; elle appendit aussi un cœur au tronc du chêne.

Celle de Nuillé-sur-Vicoin, qui comptait dans ses rangs près de deux cents personnes à jeun pour participer au banquet Eucharistique, la remplaça à huit heures.

A neuf heures se présentait la paroisse de Saint-Ouën-des-Toits.

A dix heures, celle de Notre-Dame de Laval, la plus pauvre paroisse de la ville, mais qui, en tous les temps, a fourni les plus beaux modèles de fidélité à Notre-Dame d'Avénières, y venait assister à une messe solennelle et offrir un cœur d'un grand prix. M. le curé de Notre-Dame de Laval, à genoux au pied du chêne, adressa à Marie, d'une voix émue, une touchante prière qui alla au cœur de l'assistance.

SAMEDI 12 MAI.

Malgré une pluie battante, la paroisse d'Astillé, éloignée de douze kilomètres, et l'hospice Saint-Louis de Laval accomplissaient leur pélerinage.

DIMANCHE 13 MAI.

La petite paroisse de Forcé arriva à quatre heures du soir.

A cinq heures apparut celle d'Andouillé avec sa riche bannière à l'image de Marie Immaculée. Douze beaux cierges tenus par six garçons et six jeunes personnes sont déposés devant le maître-autel : c'était l'*ex-voto* de la paroisse. Un chœur de chanteuses exécutent le beau cantique : *Oui, je le crois, elle est immaculée.*

A six heures, la procession de Saint-Berthevin fait son entrée dans l'église; on y remarque une grande quantité d'hommes dont la tenue est édifiante.

LUNDI 14 MAI.

La paroisse de Grenoux offrait à sept heures du matin un délicieux spectacle. De petites filles de quatre à cinq ans portaient sur leurs épaules une petite statuette de la Vierge, et les jeunes pensionnaires de Haute-Follis, faisant flotter au vent leur bannière, accompagnaient un cœur placé sur un coussin au milieu de leurs rangs. Elles étaient suivies des dames religieuses de l'Adoration Perpétuelle, leurs maîtresses, qui étaient vêtues d'habillements noirs au lieu des robes blanches qu'elles portent habituellement, recouvertes parfois d'un manteau rouge.

A neuf heures la paroisse d'Entrammes traversait

le pont de fils de fer ; elle fut remplacée à dix par celle de Montsûrs, arrivée par le chemin de fer.

A onze heures, celle de Courbeveilles faisait son entrée dans la ville au chant des cantiques, et se dirigeait en bon ordre vers le vénéré Sanctuaire.

MARDI 15 MAI.

Ce jour, les paroisses de Changé et de Parné accomplissaient, la première à sept heures et la seconde à neuf heures, leurs pélerinages. Elles ont offert chacune un cœur à Notre-Dame.

A dix heures, les paroisses du Genest, de La Brulatte, de Launay-Villiers, de Ruillé-le-Gravelais, de La Gravelle, de la Madeleine-du-Port-Brillet, de Saint-Pierre-la-Cour, formant une procession de plus de deux mille personnes, sont arrivées à la suite de la bannière de Loiron, chef-lieu du canton. Une de ces paroisses, la Madeleine-du-Port-Brillet, a offert un cœur à Notre-Dame d'Avénières.

MERCREDI 16 MAI.

C'était le dernier jour de l'octave. A huit heures du matin, la paroisse de Saint-Jean-sur-Mayenne traversait la ville au chant des cantiques et des hymnes. Tout le monde a admiré ses deux superbes chœurs de chanteuses et de chanteurs. Elle a également offert un cœur à Notre-Dame.

A dix heures, le Chapitre et la paroisse de la Cathédrale se rendirent à Avénières. M. l'Archiprêtre portait le cœur en vermeil offert par la paroisse. Il était précédé de deux beaux cierges, l'un offert par les Chanoines et l'autre par la paroisse. Mgr l'Evêque bénit le cœur avant la messe, laquelle fut chantée en musique et accompagnée par un orchestre.

Toutes les paroisses, leurs maires, leurs conseillers municipaux en tête, ont été reçues avec honneur par M. le curé et M. le maire d'Avénières. A chacun des pélerinages, des Pères de la Compagnie de Jésus ont fait chaque fois une courte instruction et indulgencié des médailles de Notre-Dame.

Outre les paroisses désignées ci-dessus, l'hospice Saint-Julien de Laval, le pensionnat du Sacré-Cœur de Jésus et un habitant de la capitale ont décoré de trois nouveaux cœurs le Chêne de Notre-Dame d'Avénières.

Cette dernière paroisse a payé son tribut d'honneur à Marie le jour de l'Ascension par une magnifique procession, à laquelle assistaient au nombre de plus de deux millle, les enfants des écoles, les corporations des tisserands, des laboureurs, et la confrérie du Rosaire avec leur guidon, leur drapeau et leur bannière.

Depuis le jour de l'octave, les pensionnats des jeunes demoiselles de notre ville, les enfants des catéchismes, les membres de l'association de Notre-Dame de Beauregard sont revenus rendre leurs hommages à la Statue miraculeuse, ainsi qu'une foule d'autres fidèles et un grand nombre d'étrangers.

STANCES

A NOTRE-DAME D'AVÉNIÈRES.

Vous qui savez encore les touchantes prières
Que vous ont apprises vos mères,
Vous qui croyez encore à Dieu ;
Vous qui, peu soucieux d'un amer persifflage,
Avez encore le courage
De vous montrer dans le saint lieu !

Oh ! ce n'est pas pour vous que je monte ma lyre,
A vous je n'aurais rien à dire
De la Vierge au cœur chaste et bon !
Vous aimez à lui rendre un éclatant hommage,
Vous vénérez sa douce image
Et vous invoquez son saint nom !

Mais vous qu'un siècle impie et perdu dans le doute
A jetés hors de votre route
Presque sans espoir de retour,
Vous à qui notre Dieu semble si chimérique,
Entrez dans un temple rustique
Quand vient le déclin d'un beau jour !

7 *

Alors que du soleil la lumière indécise
Effleurant les murs de l'église
En a coloré les vitraux,
Alors que, simulant d'étranges arabesques,
On voit des ombres gigantesques
Se projeter sur les tombeaux !

Alors que l'on entend une vague prière,
Hymne solennelle et dernière
De la nature qui s'endort !
Alors que du Très-Haut la majesté terrible
Semble planer, calme et paisible,
Sur le domaine de la mort !

Comme si Dieu lui-même eût fait frémir la feuille,
L'homme s'étonne et se recueille
Dans un effroi mystérieux,
Et semble proclamer, par un morne silence,
Qu'une inexplicable puissance
Se manifeste dans ces lieux !

Mais, écoutez ! La mort ne fait grâce à personne ;
Un jour l'airain sacré qui sonne
Annoncera votre trépas !
Oh ! qui que vous soyez, en ce moment suprême,
Osez-vous mentir à vous-même
Et prononcer que Dieu n'est pas !

Oh non, vous n'osez plus le nier à cette heure !
A quelques pas de sa demeure,
Sur la cendre de vos aïeux,
Votre âme, malgré vous, murmure une prière,
Et votre timide paupière
Craint de se lever vers les cieux !

C'est que vous comprenez quel est le vide immense,
L'incommensurable distance
Qui vous en sépare aujourd'hui!
Mais il est en ces lieux une médiatrice,
Une image consolatrice
Qui se place entre vous et lui!

Au milieu de flambeaux et de fleurs printannières,
C'est NOTRE-DAME D'AVÉNIÈRES
Qui sourit à tous les humains!
Le remords l'attendrit et le malheur la touche;
Le pardon erre sur sa bouche,
Et le bienfait est dans ses mains!

Chaque siècle, en passant, déposa son hommage
Aux pieds de cette grande image
Dont les yeux sur nous sont baissés!
Il semble que le temps a posé son empreinte
Sur l'autel de la Vierge sainte,
Tant les pavés en sont usés!

C'est la Reine des Cieux et des deux hémisphères,
C'est bien la même que nos mères
Nous ont appris à vénérer!
Il suffit de l'aimer pour qu'elle nous assiste,
Et son regard est doux et triste
Comme ceux qui vont l'implorer!

C'est la Mère du Christ, c'est la Vierge chrétienne,
Protectrice de la Mayenne,
De la France et du monde entier!
La Vierge au doux visage, au sourire ineffable,
Qui tend une main secourable
A tous ceux qui vont la prier!

C'est la Vierge au cœur pur, qui règne sur l'enfance.
Et qui prête son assistance
A ceux qui vont la réclamer!
C'est la Femme au cœur bon, au regard tutélaire,
Qui promet un amour de mère
A ceux qui veulent bien l'aimer!

C'est la Vierge commise à la garde des mondes,
L'Etoile qui luit sur les ondes
Et sur la barque du pêcheur!
La Femme sans péché, la Vierge Immaculée
Comme le lys de la vallée
Dont nous admirons la blancheur!

Oh! qui que vous soyez, portez-lui votre hommage,
Prosternez-vous devant l'Image
Que nous vénérons en ces lieux,
Et tâchez d'obtenir, à force de prières,
Qu'un jour la VIERGE D'AVÉNIÈRES
Vous ouvre la porte des Cieux!

ADOLPHE ADELUS,

de l'Union des poètes.

Agon (Manche), 14 août 1856.

ERRATA.

Page 8, ligne 23, *au lieu de* : 1010, *lisez* : 1040.

Page 12, ligne 22, *au lieu de :* Robert de Normandie, *lisez :* de Mortain.

Page 24, ligne 5 de la note, *au lieu de :* Seigneur de Laval, Guy II, *lisez :* Seigneur de Saint-Berthevin.

Même note, ligne 7, *au lieu de :* Après lui, *lisez* : Quant aux fils et petits-fils de Guy, ils, etc.

Page 78, le second alinéa : *L'histoire, etc.*, doit être placé à la suite du premier de la page 77 : *Cependant, sans s'inquiéter, etc.*

Page 108, ligne 12, *au lieu de* : porté, *lisez :* portée.

www.ingramcontent.com/pod-product-compliance
Ingram Content Group UK Ltd.
Pitfield, Milton Keynes, MK11 3LW, UK
UKHW012037240726
13965UKWH00003B/866

9 782013 048651